事件の涙

犯罪加害者・被害者遺族の声なき声を拾い集めて

鉄人文庫

高木瑞穂 Mizuho Takagi ＋ YouTube「日影のこえ」取材班

はじめに

日の目を見ることがなかった〝日影のこえ〟に耳をすませて

時間が経つにつれ、事件の記憶は世間から薄れていく。報道は減り、判決確定後ともなれば、いやがうえにも。

「周りは事件のことなんて忘れて、新たなスタートをきったほうがいいとか、亡くなった彼女もそれを望んでいるとかって言うんですけど、そう思いますか？」

２０１６年２月、東京・三軒茶屋の居酒屋で私は問いかけられた。声の主は宇《う》津《つ》木《ぎ》泰《たい》蔵《ぞう》。半年前に起きた「中野劇団員殺人事件」で恋人を殺害された男性である。

「とことん自分の思うようにやればいい。恋人がそれを望んでいるかはわからないけど、愛しているなら人のために生きることは間違いだとは思えない」

そう返してはみたものの、胸の内には葛藤する自分もいた。周囲が言うように、自分の人生を歩むこともまた正解と思うからだ。一方の泰蔵は、目は正面を見据え、口調に淀みがない。

「自分の選択は間違いではないですよね」

事件は未解決であり、さらに捜査が難航していると警察関係者から漏れ伝わりはじめていた時期である。泰蔵はこのとき、殺害された恋人と共通の夢であった役者の道を断念し、犯人逮捕や事件の真相を知るために生きていこうと心に決め、それを実践していた。

私は事件発生よりこのかた、事件が起きた8月に欠かさず泰蔵と共に現場に立ち、花を手向《たむ》けている。その後は彼の自宅アパートで写真になってしまった恋人と3人で酒を飲み交わすのが恒例になっていた。事件の被害者遺族や関係者に取材をさせてもらったことなど数しれない。だが、こうして何年も連絡を取り合い関係者に寄り添うことは初めてだ。

時は流れ、泰蔵は事件の話、恋人の話をできるのは私だけだと語るようになっていた。会うたび、彼は積年の思いをブツけた。語られたのは恋人への変わらない思いと苦しみである。裁判では、被告の正義と、被害者遺族の正義がぶつかる。被告の犯行を美化する装置としても使われ、きちんと批判する機会を精神鑑定や判例が奪う。忘れ去られた事件の裏で、関係者は悲しみや憤りが続く。そう、彼は時間が経っても癒えることのない傷があることを私に教えてくれたのだ。

ひいては私の価値観をもガラリと変えた。以前は、殺人事件が発生すれば事件記者の本分を正当化するため真っ先に現場入りし、被害者遺族の証言や被害者の顔写真などスクープを追い求めていた。だが、彼と過ごした歳月がその価値を見出せなくしていた。つまり、目の前で苦しみ続ける泰蔵を、彼のように事件によって狂ってしまった人たちの人生を伝えることこそに、ある種の使命感を覚えるようになったのである。

それからの私は、事件後も関係者とできる限り連絡を取り続けるようになった。拘置所や刑務所に出向き、加害者とも直接コンタクトを取るようになった。なぜ事件が起きたのか。本質を知ることで救われる人がいるかもしれないと信じ、事件発生当時にスクープを追い求めるのではなく、事件の〝その後〟の取材に多くの時間を費やしたのだ。

「社会で日の目を見ない問題はたくさんあるけど、その中にも大事なことがある。それを伝えることは大きな意義があると思う。そんな〝声〟を届けるチャンネルを作りたい」

毎年恒例、三軒茶屋の行きつけの居酒屋で命日近くの泰蔵との飲み会の場で、集め続けた証言を、一度も日の目を見ることがなかった〃声〃を短編ドキュメンタリーにしユーチューブで配信したいとする私に泰蔵は言った。

「ならチャンネル名は〃日影のこえ〃でどうですか？　自分は事件以来、ずっと〃日影〃で過ごしてきましたから」

ピッタリだ。彼の言葉は紛れもなく〃日影のこえ〃だ。

テレビ、新聞、ネットニュース。あらゆる情報や〃声なき声〃が流れては消えていく。しかし、この世で実際に起きていることは、大手メディアが報じる〃大きな声〃だけではない。〃小さな声〃かもしれないが、しっかりと伝え、記録に残したい。2020年10月、こうしてユーチューブ『日影のこえ』は立ち上がった。ちなみに、声をひらがな表記にしたのは、声になってない〃こえ〃を取り上げる、という思いからだ。

ユーチューブ『日影のこえ』をさらに深掘りした本書は、「中野劇団員殺人事件」では恋人を失った男の顛末、「八王子中2女子いじめ自殺事件」ではいじめの果てに自殺を余儀なくされた娘を持つ親の苦悩、「三島バイク交通死亡事故」では事故により最愛の人を亡くした遺族の闘いなど、関係者を通じて9つの重大事件のその後を追ったルポルタージュ集だ。その中で「前橋高齢者強盗殺人事件」を起こした死刑囚・土屋和也《つちやかずや》や、「京都アニメーション放火殺人事件」の被告・青葉真司《あおばしんじ》（一審で死刑判決）の苦悩や半生にも切り込んでいる。

重大事件のその後を追い、決してマスメディアが伝えない「名もなき人たち」の声を伝える。これがユーチューブから変わらぬ本書の趣旨である。だが、舞台を紙に変えてさらに独自取材を進めるとそれは、図らずも真の犯行動機や事件の背景が明らかにされていなかった重大事件の〝真実〟に迫るものになった。

なお、本書で使用される「私」はノンフィクションライターの高木瑞穂と、映像作家の我妻憲一郎が代表を務めるユーチューブ『日影のこえ』取材班の総称である。また、登場する人物は全て敬称を略させていただいた。

高木瑞穂　＋　ユーチューブ「日影のこえ」取材班

※本書は弊社刊「日影のこえ　メディアが伝えない重大事件のもう一つの真実」（2022年6月発行）を改題、加筆・修正・再編集し文庫化したものです。
※本書の内容は、NHK総合で不定期に放送されている「事件の涙」とは一切関係ありません。
※敬称は一部を除き省略しています。
※本書掲載の情報は2024年6月現在のものです。

事件の涙　犯罪加害者・被害者遺族の声なき声を拾い集めて

目次

中野劇団員殺人事件

ある日突然、
恋人を殺された男の
絶望と追及と
再生の9年

事件の涙

〈そういえば、りさって誕生日いつ〉

〈ブルースリーと同じ日♡（笑）〉


　2015年8月25日、東京・中野。都会の住宅街は夜になっても慌ただしい。終電間際ともなれば尚更だ。

　街灯が、家路を急ぐサラリーマンたちを煌々と照らす。ガー、ガー、と重機が唸り声をあげる。舞台稽古の合間の休日に開かれた気の合う仲間との女子会を終え、自宅から徒歩5分ほどの中野新橋駅に降り立った加賀谷理沙《かがやりさ》（当時25歳）は、馴染みのコンビニに立ち寄り飲み物を買った。自宅マンションまでもう少し。あとは帰って寝るだけだ。

〈そういえば、りさって誕生日いつ〉

　当時、彼女と恋人の関係にあった宇津木泰蔵《うつぎたいぞう》（同31歳）がこの文面をLINEで送ったのは、深夜0時17分のこと。対し理沙は、以下の言葉を打ち込み3分後に返信した。

〈ブルースリーと同じ日♡（笑）〉（0時20分）

　泰蔵は、スマホで慌てて「ブルースリー」と検索し、その日付を送信した。

〈11月27日〉（0時41分）

送ったＬＩＮＥには既読が付いた。今度は理沙から会話が始まるのでは。どちらからともなくＬＩＮＥのラリーが続くのでは。一般のカップルなら他愛もない会話をしたり甘い言葉を囁き合うものだ。が、理沙の生存確認は、これが最後になってしまう。翌26日、彼女は自宅マンションで遺体となって発見された。

翌々27日、彼女の死は大々的に報じられた。以下はその記事である。

マンションに女性遺体　中野　首に絞められた痕――

二十六日午後十時ごろ、東京都中野区弥生町三のマンション二階の一室で住人のアルバイト店員加賀谷理沙さん（25）が倒れているのを中野署員が発見した。加賀谷さんは死亡しており、首には絞められたような痕があったことなどから警視庁捜査一課は二十七日、殺人事件として中野署に捜査本部を設置した。

捜査本部によると、加賀谷さんは室内の玄関付近で、衣服を着けずに仰向けで倒れていた。顔にタオルケットがかけられていた。検視の結果、死後一～二日とみられ、捜査本部は遺体を司法解剖して詳しく調べる。玄関や窓は施錠されており、室内に荒らされた形跡はなかった。

加賀谷さんは二十五日夜、アルバイト先の新宿区の居酒屋を無断欠勤していたといい、不審に思った勤務先の店長ら二人が二十六日夜、マンションを訪問。室内の明かりはついていたが、加賀谷さんの応答がなかったため、中野署に届け出た。現場は東京メトロ丸ノ内線の中野新橋駅から約五百メートル南の住宅街。（2015年8月27日　東京新聞夕刊）

マスコミが一斉に事件を報じると、インターネット上の大手掲示板には野次馬たちが集まった。

『美人劇団員！』『犯人はレイプ目的だろ？』『ハダカの写真、早よ』

興味本位な書き込み群のところどころで、痛々しくも理沙の顔写真が添えられる。「衣服を着けずに仰向けで倒れていた」との報道から飛躍し、「遺体には精液が付着していた」などの未確認情報まで駆け巡る。

さらに、理沙と同じマンションの階下に住む男の証言として、事件の1ヶ月ほど前、理沙の部屋から「『やめて！』『出てって！』などと男女の争うような声がした」との報道を皮切りに、当時交際中だった泰蔵へも矛先が向けられたのである。彼は理不尽な恐怖に晒され、恐ろしいことにそれは、犯人逮捕まで続く。

事件が起きた夜、交際相手の泰蔵は、アルバイトを終えひとり、埼玉県内の自宅で遅めの夕食をとっていた。近所のスーパーで買ったステーキ肉とテレビを肴に、缶チューハイで晩酌。飲みながら恋人とする〝ながらスマホ〟は、まさに至福のときである。

いつもとさして変わらぬ1日だった。むろん、まだ恋人が殺されたとは知るはずもない。ただ一つ、送ったLINEに返信がないことに違和感を覚えたが、深夜に風呂に入ることが多いと聞いていた彼女のこと、シャワーでも浴びに行ったのだと思っていた。

「変な感覚があったのは確かです。何かいつもと違うなって。でも、自分はLINEも電話もしなかった。だから、そこで理沙に連絡していたら、彼女を助けられたんじゃないかとか、犯人は犯行に及ばなかったんじゃないかとか、それはずっと後悔しています。心のざわめきを解決しなかったがために、今に至ります。当時の自分に言ってやりたい。『おーい、早く電話しろ！』って」

忘れないため、当時の思いを胸に刻むため、泰蔵はそのときのLINEのやりとりをずっと消せずにいる。叶わぬことはわかりながら、いまも願い続けている。

「LINEの続き……、できたらなって思いますよね」

言葉の端々から、彼の後悔が飽きるほどに伝わってきた。

駆け込んだ警察で容疑者扱いされて

泰蔵は当時、端役《はやく》としてテレビドラマに出演するのがせいぜいの、小劇団「FULL HOUSE（フルハウス）」に所属する俳優だった。ご多分にもれず、役者業と並行してアルバイトも欠かせなかった。いわゆる〝売れない役者〞だと理解していい。

その劇団に、事件の3ヶ月前に入ってきたのが理沙だ。宮城県で出生し、優しい両親の庇護《ひご》のもとに育った彼女は、大学卒業を機に親元を離れて上京し都内の出版社に就職。数年ほど勤めたが、安定した仕事から一転、アルバイトをしながら稽古に励む茨《いばら》の道を選ぶ。幼い頃から憧れた役者の夢がどうしてもあきらめきれなかったようだ。事件がなければ翌月、看護師役で初舞台も決まっていたという。

すごく真面目で、かつ現実的。夢や理想を語り、現実も求める。自分も同じ環境にいるから、「夢だけじゃ食っていけねぇぞ」と苦言をさした。でも、彼女は理想と現実をちゃんと理解していた。新人ながら夢だけで終わらせない術を模索する頭の良さがあった――。泰蔵は出会った頃の彼女についてこう語る。

「自然、すぐにふたりで飲みに行く仲になりました。同じ役者を志す者として、どこか

上／事件発生の1ヶ月前、最後の遠出になった千葉・九十九里浜にて。
泰蔵(左)と理沙の唯一のツーショット写真
下／九十九里浜の帰りに寄った「海ほたる」で泰蔵のカメラに収まる理沙

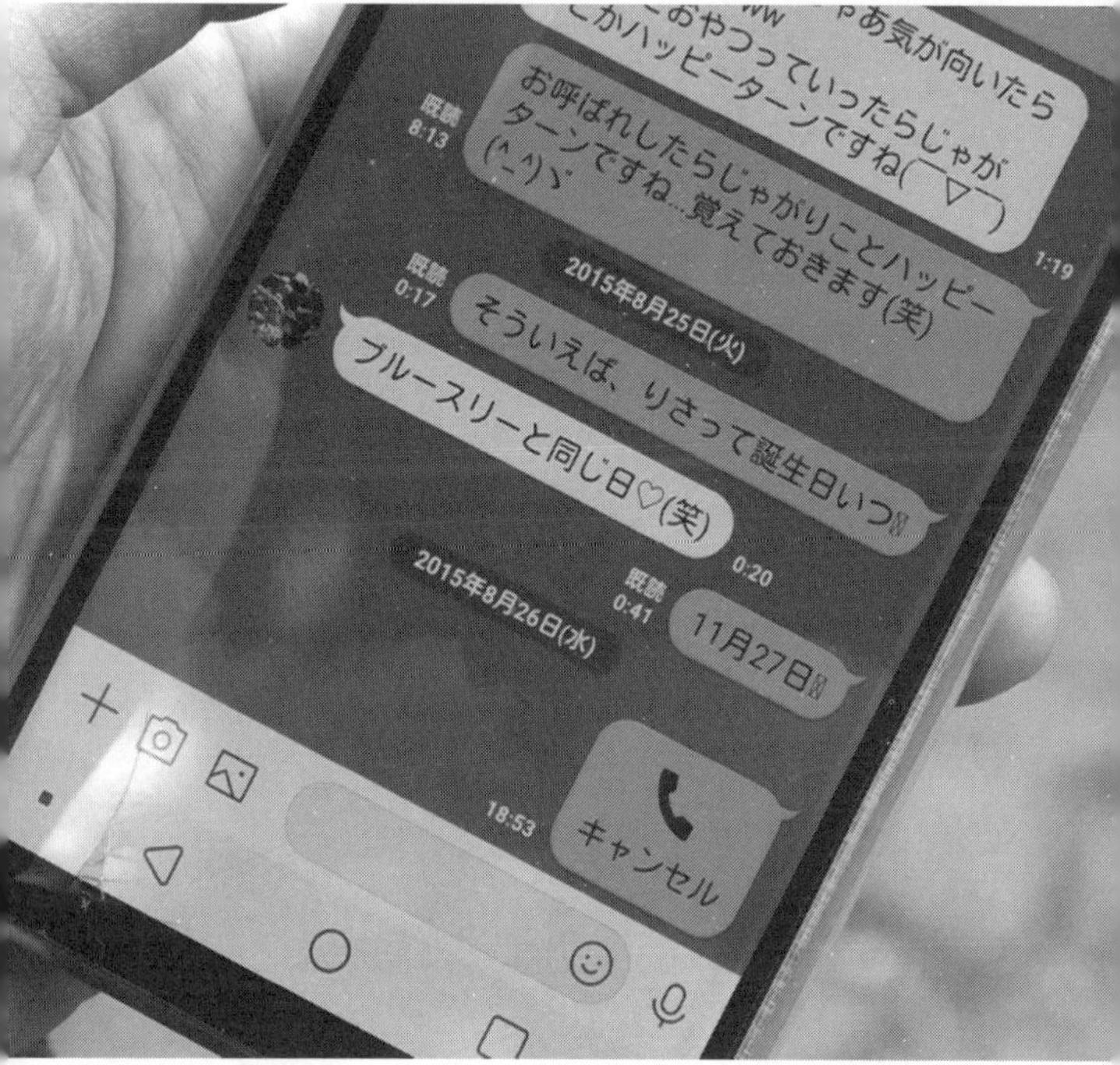

2015年8月25日、最後に交わしたLINEのやり取り

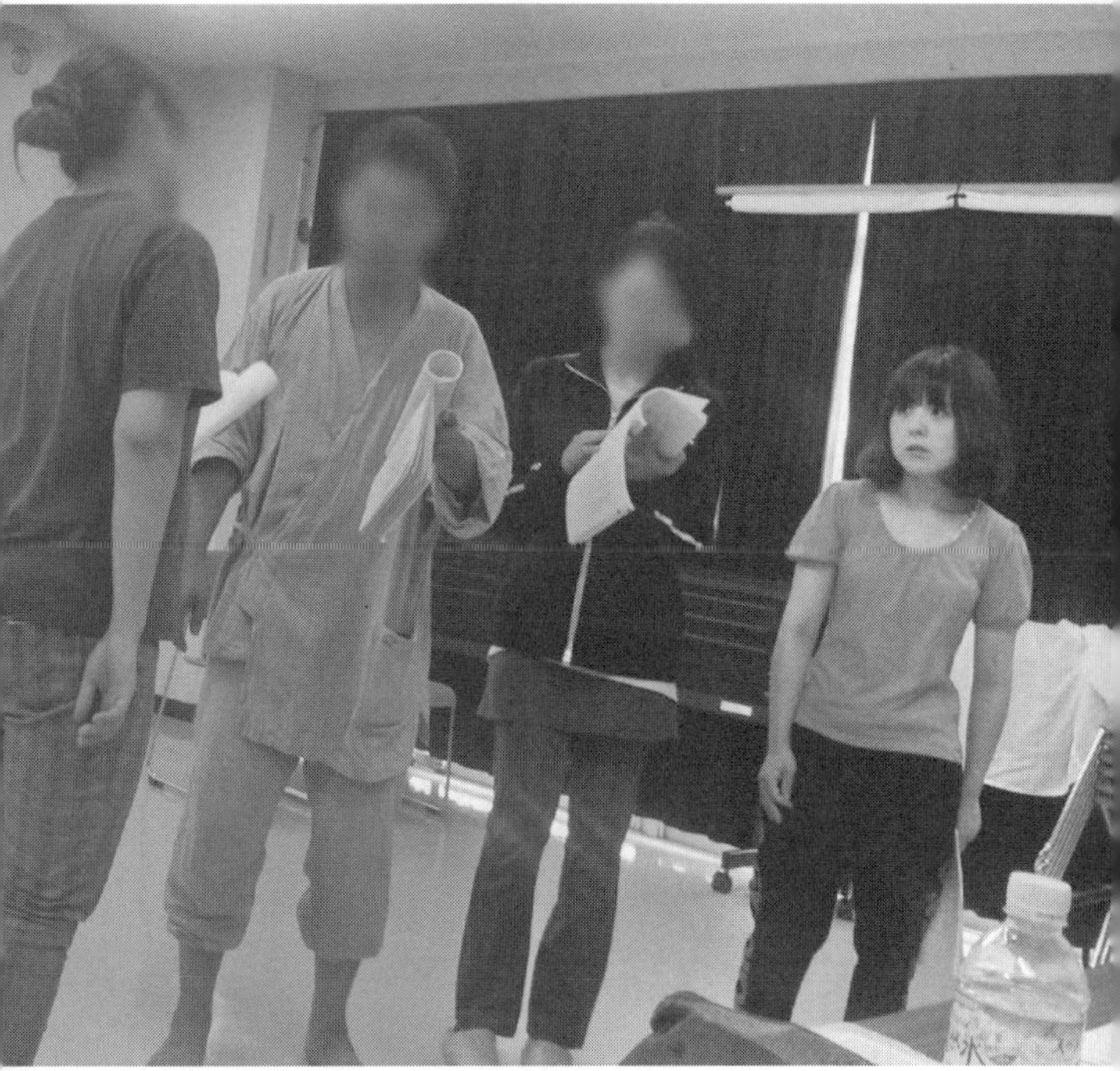

理沙（右端）は、初舞台に向け事件直前まで稽古に励んでいた

理沙が暮らし、犯行現場となった東京・中野新橋の自宅マンション

事件直後、所属する劇団の舞台に出演した泰蔵。
何事もなければ理沙と共演するはずだった。
泰蔵はこの舞台を最後に役者活動を一時停止する

波長が合った。彼女との思い出は、やっぱりお酒ですよね。ビールは本当によく飲みましたし、朝の5時までずっと飲んでいましたからね。楽しかったなあ。３００円とかで均一で飲めるような店に通って、そこで仕事についてディスカッションして」

役者談義に花を咲かせながら、安酒で朝まで飲み明かす。細《ささ》やかながら幸せな時間だったに違いない。飲み仲間に過ぎなかったふたりは、事件の2ヶ月前、男女の仲に変わった。稽古終わりにこっそりと落ち合い、デートを重ねる日々。休みを合わせ、レンタカーを借りて千葉の海にも行った。泰蔵は、口には出さないまでも結婚を考えていたという。

しかし見込みと違い、彼女はこの世を去った。新聞記事を引用し前述したように、中野署員が室内の玄関付近で全裸で仰向けに倒れている彼女を発見。何者かが部屋に侵入し、コードで首を絞められ殺害されたのである。ＬＩＮＥが途切れた25日未明のことだ。

理沙は26日も舞台稽古に現れず、また連絡も取れなかったと泰蔵は振り返る。〝何かあった〟と真っ先に察知したのは、誰よりも劇団の中で彼女と親しかった彼だった。

「これは絶対におかしいです。何か事件に巻き込まれている可能性があると思います！」

26日夜、新人劇団員が突然いなくなることなど珍しくないことはわかっていながらも泰蔵は座長に訴えた。座長はその気迫に押され、半信半疑で彼女のアルバイト先である新宿の居酒屋に問い合わせた。

案の定、理沙はバイト先にも顔を出していなかった。これまで無断欠勤など一度もなかったのに。周囲もそこで初めてこれは異常事態だと気づいた。

履歴書などから彼女の住所を知った居酒屋の店長は自宅へ急行し、泰蔵は稽古場からタクシーに飛び乗り「中野警察署！」と告げる。彼が自宅ではなく最寄りの中野警察署に向かったのは、実はこのとき理沙の自宅の正確な場所までは知らなかったからである。

〈初舞台が終わったら自宅でお祝いしよう〉

どちらからともなく交わしたこの約束は、儚《はかな》く消えてしまうのか。泰蔵は警察署の前に立つ警官にこう訴えた。

「僕の彼女が事件に巻き込まれたみたいなんです！」

警官は顔色を変えた。のちにわかることだが、このときすでに理沙の遺体は中野署員により発見され、警察は殺人事件として捜査を始めていた。そして、ここで警察はあり得ない対応をする。

「その痕《あと》はナニ？」

取調室に連行し、右腕に残る火傷痕を指して刑事が言うのである。まるで、おまえが犯人だと言わんばかりに。泰蔵が当時の状況を振り返る。

「疑われていたんだなと。それはそうですよね、いきなり容疑者たり得る人間が飛び込んでくれれば当然疑うんだろうなと思いますけど、当時はパニック状態ですから。なんで話をちゃんと聞いてくれないのか、わからなかった」


取材のため、事件発生直後から現場入りしていた私も、当初は彼を疑っていた。多くの記者がそうだったことだろう。

警察による取り調べと、泰蔵からの質問の応酬は、数時間に及んだ。なかでも腹立たしかったのは、取調官たちの態度である。聞かれたことには素直に答えていた彼に対して、質問に全く取り合わない。ただ理沙の無事を確認したいだけなのに。

警察は泰蔵を完全に容疑者だと決めつけてかかったばかりか、おちょくる始末だった。

「『彼女と連絡が取れない』って訴えても、『電話すればいいじゃん』って。こっちは電話なんか何度もしていて、それでも繋がらないからここに来てるのに」

彼女とトラブルはなかったのか。不審な点はなかったか。取り調べは執拗なまでに続いた。泰蔵は2ヶ月前のある出来事を思い出し、「そういえば」と取調官に切り出した。

「彼女が耳の後ろにアザを作っていた、って。転んだりしてできるようなものではなかったので、どうしたの？　って聞いたけど、ハッキリしませんでした。上手くはぐらかされたのです」

このとき取調官が明らかに顔色を変えたと泰蔵は言う。警察の動揺には理由があった。遺体からそのアザを見つけてＤＶの類だと疑い捜査を進めた警察は、泰蔵とは別の重要参考人のひとりに目星をつけていた。理沙の、かつての交際相手である。嫉妬深く過剰な束縛をする男だったとされている。

関係が終わってからも彼女への依存が抜けきらず、ついにはストーカーまがいの騒ぎを起こした。警察が出動した記録も残っている。

警察は、肌感覚では完全に〝クロ〟だと決めつけていたようで、一部メディアが男の存在を速報として流すなど、逮捕は時間の問題とされていた。アザもその男によるものなのだろうか。

ともかく、警察はすぐに任意同行を求め、男を取り調べた。結果、男のアリバイが確認され、事件発生当時に流布された理沙のマンションの階下の住人が聞いたという男女トラブルはこの男によるものとしてカタがついた。が、そんな最中に理沙の安否を執拗に聞いてくる交際相手を名乗る新たな男が飛び込んできたのだから、捜査の目が泰蔵に向けられたのも無理はない。

しかし、泰蔵が〝シロ〟なことは彼自身がいちばんわかっている。未だ疑ってかかる取調官たちをよそに、泰蔵は理沙の安否確認をしたいと訴え続けた。知ってることは何でも答えるし、捜査にも協力する。だから、せめて理沙は無事だと言ってくれよ。

日付は変わり、27日午前4時。殺人事件を扱う捜査一課の刑事を名乗る強面《こわもて》の男が取調室に入ってきた。

「お亡くなりになりました」

突然、理沙の死が告げられた。そして続けた。

「俺たちが必ず犯人を捕まえてやるから」

それは泰蔵への疑いが晴れた瞬間でもあった。理不尽にも取り調べは終了したのだ。

泰蔵は泣き崩れた。涙はとめどなく溢れる。そのときの感覚を、彼は古傷のごとく覚えている。

「想像しづらいと思うんですけど、頭があって、脳みそがあるじゃないですか。その脳みそを後頭部のほうに向かって、200本ぐらいの糸で引っ張られるような感覚です。その脳ブワーという衝撃が走って、たぶん僕は『そんな……』って、ひとこと言ったんでしょうね。発したあとに、何か言葉にならない叫び声を上げたことだけを、覚えています」

聞くだに理解しがたいが、暗澹《あんたん》たる思いだったことだけは伝わる。誤解が解けたからといって安堵の気持ちにはなれなかったことも、言を俟《ま》たない。

ついには涙も涸れ、声も出なくなった。もちろん体も動かない。だが、不思議と神経だけは研ぎ澄まされていたという。

この話をすると、こいつ大丈夫なのかと思われるかもしれないけれど、と前置きをして、泰蔵は言う。

「変な話、理沙が隣に来た。魂っていうのか、彼女の腕が僕の身体に触れた感覚があった。刑事が言った『司法解剖をしている』という言葉を小耳に挟んだとき、彼女が『いま、体を使っちゃってるからね』と言った。確かに自分は聞いた。きっと検視で疲れていると思ったから、おもむろに立ち上がり近くの自販機にジュースを買いに行きました。そのとき、不思議と身体が動けるようになったのです」

彼の、この体験により、犯人逮捕と事件の真相究明の賽《さい》は投げられた。

自ら動くことにしたんです、犯人探しと真相究明のために

「自分の選択は間違いではないですよね」

記者仲間のツテで事件の1ヶ月後に知り合った私に、泰蔵は念を押すように言った。礼儀正しく明るい青年といった印象で、それは初めて会ったその日から変わらない。彼が打ち明けなければ、恋人が殺された過去に気づく人はいないだろう。

警察は事件を「通り魔的な犯行の可能性が高い」と見立てていた。怨恨を生むようなトラブルが見つからないことに加え、遺体発見時、理沙が全裸で倒れていたことから、レイプ目的による強制わいせつ致死だと睨んだのである。

「事件に巻き込まれる要素なんて何一つなかった。慎ましく生活しながら、女優になるという夢を純粋に追い求めていた若者そのままだった」

ある捜査関係者が話す。友人だけではなく、アルバイト先の知人や役者仲間の誰に聞いても、「恨みを買うような人ではない」と口を揃えたという。

「だから行動に移すことにしたんです、犯人探しと真相究明のために」

泰蔵は事件から1週間後の9月1日未明、理沙が暮らしていたマンションの前に立っ

た。事件が起きた時刻に現場前からスタートし、犯人の逃走ルートは右か左か、どちらに逃げれば人目につかないとか考えながらひたすら歩いた。「犯人は現場に戻る」とよく言われることからして、いつかボロを出すはずだ。特に単身用マンションのベランダには目を光らせた。部屋から消えた理沙の私物の舞台衣装と愛用していたバッグを犯人が干してるかもしれないと睨んだのだ。

役者だけで生活することを胸に生きてきた男は、この日を境に恋人の〝無念〟を晴らすことだけを目標にし、それを実践する。犯人への憎悪が原動力になったのは言うまでもない。となれば「迷いはなかった」と、ドスの利いた主張を展開した。

「絶対に見つけてやるぞというか、もうね、あえて言葉を選ばずに言うと『ぶっ殺してやる！』って。殺意を抱いたことは一度や二度ではありません。それは今も心の奥底に燻っています」

彼が果たしたかった無念とは何か。犯人逮捕と事件の真相を突き止めることである。指針なきまま夏の終わりを告げるかのように冷たい雨が降るなかで泰蔵はひとり、中野新橋界隈を歩いた。

犯人逮捕のその日まで終わりはない。警察が頭を抱えるなか、イロハのイも知らない男が捜査をするなんて。淡い期待に過ぎないかもしれないが、たとえこの先何年、何十年かかろうとも続けてやると覚悟を決めた。

事実、泰蔵の決意は相当なもので、捜査は季節が秋になり冬になっても毎日のように続けられた。ただのゲン担ぎかもしれないが、月命日や事件から10日目、20日目といった区切りの日を特に重視した。

ちなみに、私が泰蔵と付き合うようになったのは、彼に対するネットの心ないコメントがきっかけである。

〈2ヶ月しか交際してないのに悲劇のヒロインになるな〉
〈LINEの文面を見ると付き合ってるように見えないんだけど、証拠を出して〉

発生から逮捕まで、事件の解決を願ってマスコミからの取材を受け世間に肉声を届けていた泰蔵に対し、ニュースサイトのコメント欄にはこのような書き込みが続いていた。すでに記したように、彼を犯人視する記述すら散見された。まごうことなきシロであり、どころか誰に頼まれたわけでもなく犯人探しをする彼を、大袈裟に言えば見ていられなかったし、取材対象として面白いと思わなかったと言えば嘘になる。私は彼に密着しようと決めた。

マスコミまでアテにできないなら、自分がやるしかない。理沙を殺した犯人を必ず見つけてやる。泰蔵が、さらに自分で何とかしなければと思ったのは、難航する捜査に呼応するかのごとく、主に警察発表をネタにしていたマスコミ報道もめっきり減ってしまったからだ。どころか、独自にネタを仕入れるのは相当に無理があったようで、事件がDV彼氏と酒癖が悪い女性によるトラブルの果てに起こったかのごとくミスリードするメディアまで現れる。

一部を新聞記事より引用したい。

【7月上旬頃には、自宅近くの公園で、加賀谷さんとみられる女性が男性と口論になり、女性が泣く様子を近隣住人が目撃していた】（2015年9月10日 産経新聞）

裏取りもせぬまま、さらに詳しく報じるメディアもあった。『アサ芸プラス』の記事である。

【（男が）「おまえと飲むと、いっつもこうだよな」と言い、女性が持っていた携帯電話を急に取り上げました。女性が「何すんのよ。やめてよ、返して。そういうこと、やめてよ」と騒ぎだすと、男は「うるせぇよ』と彼女を小突いたんです。

女性は「痛い。やめてよ」と泣き叫びながら抵抗し、「あなたのことは宮城の親も知っているんだからね」と言い放ったという。近隣住民が続けて証言する。

「泣きじゃくる彼女に男は『リサ、俺の話を聞いてくれよ』と何度も呼びかけていましたが、女性は走って逃げようとする。そのたびに男が彼女の腕をつかんで止めるんです。女性は『痛い。やめてよ！』と怒り、男は『話そうよ、リサ。お願いだから聞いてくれよ』と繰り返していました。女性は『あなたのことは大好き。一緒に住みたいとも思っている。でも無理なの。私ね、あなたに殺される。あなたが怖いの。無理なの、もう』と悲痛な感じで、男のほうは『何でリサのことを殺さなきゃならないんだよ』と」

深夜の口論は2時間近くに及んだ】（2015年9月14日）

この報道を受けて私は、すぐに裏取り取材を開始した。口論があったとされる公園は住宅街の一角にあり、証言者の住むマンションだけでも50世帯を超えた。恐らく一連の記事はアマい取材の上で報じられたのだろう。わずか1時間ほどで「オカシイ」と気づいた。

会話が聞き取れるぐらいの大声で2時間も話していれば周囲にも漏れ伝わってもよさそうなものなのに、耳にした住民が全くいないのである。これは誤報じゃないのか。ならば改めて記事に出ていた証言者に確認してみよう。本当に理沙と元彼との会話だったのか。

証言者は言う。

「確かにそういう会話を聞きました。記者さんから事件前に何か異変はなかったかと聞かれて思い出したから話したんです。時期はもしかしたらもっと前かもしれませんけど」

「本当にリサ、という単語を聞いたんですか？」

「と思いますけど、定かではないです。記者さんから被害者の名前を理沙だと聞いたから、そうだと思って……」

話がブレすぎている。むしろマスコミに誘導された感が強いのでは。確かに理沙は酒好きだったが、泰蔵が話す彼女はマスコミが作り出した「酒癖が悪い女性」像とは明らかに別人だった。

「理沙は、舞台は見に行くの大変だけど、ドラマだったら実家の祖母も見れるから早くドラマに出るような女優になりたいな。そのためにも頑張って有名にならなきゃって」

祖母を溺愛する彼女の部屋には、祖母との手紙がたくさん残っていたという。念のため捜査員に確認するも、「あんな話、相手にしていないよ」と一笑する。やはり誤報だったのだ。


泰蔵の独自捜査は毎晩、新聞配達が動き出す午前4時頃まで続いた。始発までの間、「松屋」で休憩するのが恒例になった。収穫はないが、牛丼を食べながら明日への誓い

犯人の手がかりを求めて泰蔵は、ひたすら現場周辺を歩いた

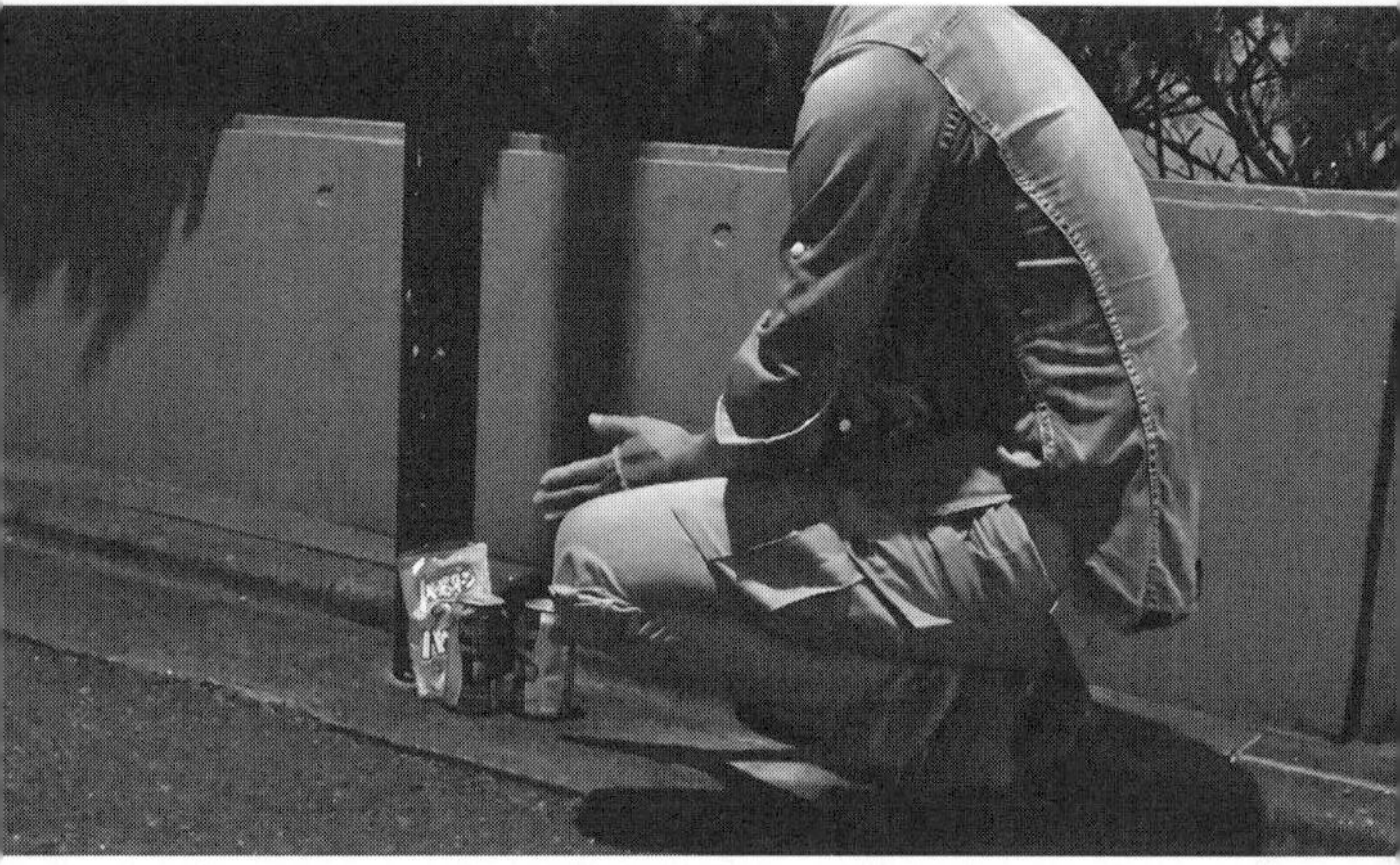

月命日には欠かさず事件現場で合掌した。
理沙が好きだったビールとハッピーターンを供えて

を立てる。

「でも、不思議と気持ちは前向きでしたね。じゃあ明日も、また明後日もって」

始発列車で自宅に帰りシャワーを浴びる。1時間だけ仮眠を取り家を飛び出す。身体はキツいがアルバイトを辞めたら探し続けることもできない。

むろん、警察による懸命な捜査も続けられていた。最寄駅の改札口前では毎晩、私服の刑事が目を光らせ、怪しい人物に聞き取りを行った。さらに、理沙と面識があるとわかれば、たとえ数年前に一度会っただけでも片っ端から指紋やDNAの提出を求めるようになっていた。

任意で求められた男性のひとりは言う。

「突然、警察が自宅に来たときは驚きました。〝加賀谷さんの件で〟と言われても全くピンとこなかったです。よくよく聞くと、理沙さんが事件で亡くなっていると、それすら知らなかったです。もちろん、DNAや指紋には協力しました。でも、一度仕事関係の飲み会で同席して連絡先を交換した程度の仲です。事件から2年ぐらい前じゃないですか。加賀谷さんが、OLをしていた頃です。その後、1度や2度、メールで時候の挨拶ぐらいはしましたけど、その程度です。警察はどうやって私にたどり着いたのか驚きましたよ。理沙さんは大人しいというか、半歩下がっているような女性というイメージ、可愛らしい女性でした。本当に残念に思いましたよね」

一方、泰蔵の行動はすぐに広く知れ渡り、刑事を通じてやがて理沙の母親の耳にも届く。

「せめて一言だけでも謝りたいです。会ってほしいと伝えていただけませんか？」

両親が上京している旨を刑事から聞いた彼が懇願すると、母親はすんなり受け入れてくれた。

「ごめんなさい、ごめんなさい、ごめんなさい。守ることができずにごめんなさい」

まともに顔を見られないまま言うと、母親は「ありがとう、本当にありがとう」と彼の手を取り言った。

「ぜひ、娘に会いに来てね」

見上げるとそこに、理沙にソックリな母親の、優しく微笑む顔があった。

以来、泰蔵と理沙の両親との交流が始まる。彼女のもとへ、すぐにでも。気持ちは早るが、しばらく先までアルバイトの予定を入れてしまっていた。休みはないか。連休はないか。手帳に記された予定表を目で追うと、思いがけないことに9月末に連休を取っていたことがわかった。

理沙と2人で過ごしたいと休みを取っていたんだ……。自分の誕生日のことすら忘れていたという。それだけ事件に忙殺されていたのである。

すぐに新幹線の予約を入れ、そして、誕生日である9月20日に泰蔵は、満を持して理沙に会いに行く。緊張と淡い思いが入り乱れる、はずだった。だが彼は、彼女が白い箱になっているという現実を目の当たりにして、自分の無力さに膝から崩れ落ちる、だけだった。

「実は事件後、僕は彼女とは対面できてないんですよ。自分も疑われていたというのもあって、親族だけで荼毘《だび》に付されていたんです。そしてお骨になって実家で過ごしていたので、あの日、初めての再会だったんです」

彼女の遺骨を見てもまだ、信じられなかった。そのとき、最後に会話したときのことを思い出した。

「新宿へ向かう電車で、自分が先に降りて『お疲れ～』って手を振った。僕らはそれっきりだった。あれから、たった1ヶ月ですよ。それなのに彼女が白い箱になっている現実……。つらかったです。箱を撫でてお母さんたちが昔の写真とか飾っているのを見て、自分の付き合いの浅さを恨みましたし、彼女を守れなかったことの責任の大きさを実感しました。本当に申し訳ないなって」

泰蔵は理沙を助けられなかった後悔から来る彼女の命の重みを、深く噛み締めるようにしてじっと息を潜めた。両親には、彼女がどれだけ真剣に女優を目指していたかを伝えることで精一杯だったという。

その後も毎日、泰蔵は疲れと興奮を反芻《はんすう》しながら、ただひたすら彼女の自宅マンション周辺を歩いた。まだ容疑者すら浮上していない。

事件発覚から200日後に容疑者逮捕

状況に劇的な変化が生じたのは事件発生から約半年後、2016年3月12日のことでだ。

「そのとき僕は仙台駅近くのビジネスホテルにいました。すると突然、スマホに一通のメールが届いたんです」

デマを流すマスコミに不信感を覚えていたとはいえ、当時の泰蔵は新たな情報を得るため複数の記者と連絡を取っていた。そのうちの1人から朝方5時にメールが来たのだ。

そこで彼は開いたメールの文面に衝撃を受ける。

「逮捕状が請求されました、と書かれていたんです」

それが犯人の特定を意味することは言うまでもない。すでに犯人の身元は割れ、数時間を待たずして逮捕されるのが通例だ。事件発生からちょうど200日後のこと。その日に、重なるいくつもの運命を感じざるを得なかったと、泰蔵は振り返る。

「奇しくもその前日が3・11（東日本大震災）から5年目で、当日は、仙台で暮らす理沙のお母さんと飲む機会があり、そのまま駅前のホテルに帰りました。でも、本当に寝つきが悪くて、1時間おきに起きてしまう。別に疲れてもないし、何か不安なことがあったわけではない。ただ、まどろんでいるところ、そのメールが飛び込んできたんです。すぐにテレビをつけたけど、まだ速報は流れていなかった。堪らずまだ夜明け前、確認のため迷惑を承知で理沙のお母さんに電話したけど、やはり何も聞いてなくて。落ち着け、落ち着け。もうこのときは胸のドキドキが止まりませんでした」

すぐにでも東京に飛んでいきたい気持ちでいっぱいだった。当該記者に事実確認をするためだ。だが、自然とあの場所に行くとは思いもしなかったと回顧する。

「乗った始発列車の行き先が東京じゃなかったんです。足が彼女のお墓参りへ向かっていたんですよ、勝手に」

図らずも容疑者逮捕を彼女に、真っ先に報告できたんです。そのとき僕はたしか、言葉が見つからず、墓の前でたぶんこう言った、「まあ、そういうことだよ」――。泰蔵は再確認するかのように当時の記憶を喚起した。

理沙への報告を済ませ、東京行きの新幹線に飛び乗ると、大宮駅を過ぎた昼頃に、車内の電光掲示板で事件の速報が流れた。無言で「逮捕」の2文字を噛み締める泰蔵と、鳴り止まない電話。コメントを求める記者たちからだ。泰蔵はこのとき、初めて逮捕を実感できたという。改めて当時の心境を聞いた。

「あの200日を振り返ると、どう思いますか？」

「僕も改めてその質問を自分に投げかけてみたんですけど、おまえ頑張ったよ、そう過去の自分に言ってやりたいですよね」

「事件を忘れて生きるという選択肢はありませんでしたか？」

「それはなかったですね。ただ、もし同じ状況の人がいたとしても、事件を忘れて違う道を歩む生活はアリだと思うし、否定はできません。誰に頼まれたわけでもなく犯人探しをしていた僕ですが、これ、美談でも何でもない。殺人事件の結末は、決して一つじゃないと思うんです。犯罪被害者の関係者って一括りに見られるかもしれませんが、そのなかで僕は犯人探しをする道を選択した。それはその人の人生だと尊重すること、理解してあげることが残されたものたちに優しい世界なんじゃないかなと思います」

理沙への殺人容疑で逮捕されたのは、かつて彼女の自宅マンション付近に住んでいた男である。戸倉高広《とくらたかひろ》、37歳（逮捕当時）。理沙にも、泰蔵にも全く面識がなかった。自宅マンションの引き渡しこそ事件の2日後だったが、引っ越し自体は2ヶ月前の6月に済ませていた。「むしろリア充っぽい」と泰蔵が言うように、送検写真で容姿を見た私の印象も、殺人犯の容姿を形容してよく言われるような卑劣で陰湿ではない。その見た目からして、見ず知らずの理沙を狙わぬまでも、恋人の1人や2人はいたのではないのだろうか。

事件の迷宮入りが囁かれるなか警察はDNAの任意提出を、過去に理沙の自宅マンション周辺に住んでいた人物にも広げていた。そして、男の引っ越し先である福島県矢吹《やぶき》町《まち》の実家まで捜査網を広げDNAサンプルを採取し、逮捕に漕ぎつけたのだ。

ここで、逮捕された戸倉高広という男の足取りを追いたい。

戸倉は6月まで中野新橋に住み、新宿の不動産会社に勤務していた。元同僚によれば「大人しい性格だった」という。仕事を辞めて実家に出戻る理由を聞いたところ、「年下の彼女と結婚するから」と語ったそうだ。

が、矢吹町に戻るも、実際には年下の彼女の存在もなければ、働きもせず母親から小遣いをもらいパチンコに明け暮れていたらしい。

なぜ戸倉は親のスネを齧《かじ》られるのか。なぜ彼の両親は37歳にもなった息子をサポートし続けるのか。私はその生活ぶりを確認するため、戸倉の実家に飛んだ。

東京拘置所で犯人と面会

福島県矢吹町。国道4号線から少し入った長閑《のどか》な場所に、彼の実家はあった。離れも建つなど周囲と比べてひときわ大きい、豪邸と呼ぶに相応《ふさわ》しい2階建て一軒家。税理士事務所の看板が掲げてあることからして地元の名士なのだろう。

周囲への聞き込みから浮上したのは、事件前はもちろん、事件後もそうであった、決して逃走犯とは思えぬ生活ぶりである。自宅近くのパチンコ店で頻繁に目撃されていたばかりか、同窓会にも参加し写真にまで収まる。彼の地元で暮らす知人によれば何食わぬ顔で普通に暮らしていたようだ。

「東京で頑張っていたけど、親も年だし長男だから戻ってきたんだって言ってました。フェイスブックには、充実した東京での暮らしぶりを示した写真が多く載っていました。実際に会うのは久しぶりでしたけど、写真のように楽しそうにしてましたよ」

彼が縁がない土地ではなく実家での逃亡生活を選んだのは、事件前から親の庇護をアテにしていたからだ。戸倉の祖父は税理士として運転手を抱えるほどの人物だった。運転手は言う。

「厳しい家でしたよ。祖父はきっちりしていたというか、税理士そのものだった。少しでもあやふやなことを許さない性格でしたね。高広の親父さんはそうやって育てられ、孫でもある高広の教育にもいろいろと口を出していた。でも、最終的には溺愛してたけどね」

父親は祖父の仕事を手伝っていたという。孫である戸倉も当然、その後継者として期待されていた。高校での成績は良かったが、難関大学の受験に失敗。逃げるようにして親元を離れ1人暮らしを始めた東京でのカラオケ店やゴミ収集のアルバイトを経て、不動産業界に就職する。宅建の資格を取ろうとしていたが、結果、試験に落ち続けたことを機に会社を辞め無職に。それでも長年連れ添った彼女の存在が救いになった。

挫折を繰り返しながらも異常性が見えなかった戸倉が豹変したのは、その彼女と別れ、のちに復縁を迫るも断られたからである。事件前日、彼はマンション引き渡しの手続きを理由に親から現金6万円を受け取り、上京していた。久しぶりに戻ってきた都会で、まず元カノに「会いたい」と連絡するも、相手にされなかった。

会うぐらいはいいのでは。何もそこまで冷たくあしらわなくてもいいのでは。元恋人に会うことが叶わなかった彼は、母親から受け取っていた金で性風俗店に行く。性欲処理を済ませたかどうかはわからないが、その後、当初の目的だった引き渡しの手続きのため中野新橋に降り立った。

深夜、帰宅途中の理沙をどこかで見かけたのだろうか。後をつけ彼女が玄関を開けた瞬間、押し入ったとされている。

「東京での思い出にＬＩＮＥを交換したかった」

戸倉は裁判でそう語ったが、ＬＩＮＥを交換するだけなら道端で声をかければいいことだ。本当のことを話していないと見るのが自然だろう。ともかく、理沙との接点は近隣住民という以外に全くない。当初疑われていた怨恨や痴情のもつれの類による犯行ではなかったことだけは、確かだ。

戸倉は殺害後、彼女の自宅から舞台の衣装やリュック、エアコンのリモコン、シーツなど複数の私物を奪い逃走する。泰蔵が、躍起になってマンションのベランダを中心に捜し回っていたのは、このためだ。しかし、戸倉は、翌日には引き払うことになっていた自宅マンションのゴミ捨て場に捨てたと供述している。実際に奪ったものは今も見つかっていない。顔見知りの犯行だと思わせたかったのだろうか。

２０１６年2月、実家に舞い戻り、両親の庇護の下で自堕落な生活を続けていた戸倉に突如として捜査の手が迫る。東京から来た捜査員にＤＮＡのサンプル提出を求められたのだ。意外にも戸倉は素直に応じたという。が、内心は驚いていたことだろう。フェ

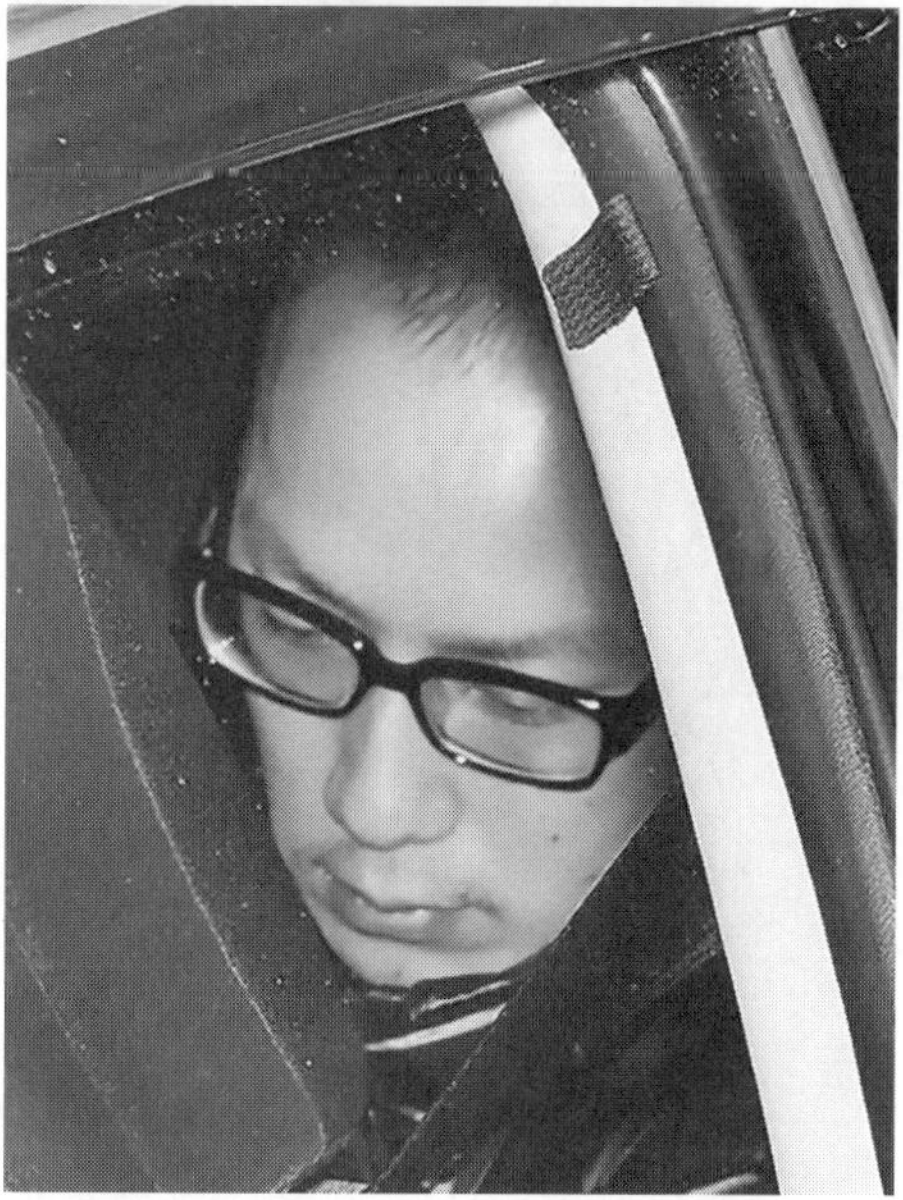

上／犯人の戸倉高広。事件後、
福島の実家に戻り何食わぬ顔で同窓会に参加していた
左／逮捕され警視庁に護送される戸倉（２０１６年３月12日）

イスブックを削除するなど、迫る捜査に備えて証拠隠滅を図るような動きをしていたことも明らかになっているからだ。ちなみに逮捕後、警察が戸倉の自宅を家宅捜索するも、事件に関するものは何一つ出てこなかった。

殺人事件で逮捕された者はご多分にもれず、容疑を否認する。戸倉も例外ではない。いくら証拠が揃っていようとも、一縷の望みをかけて自白を拒むのだ。

否認を知った泰蔵は、事件の解決を実感するには程遠かったという。

「まず知らない顔だったんですよね。率直にこいつかとは思いましたけど。犯人が否認してると聞いて、なんでしょう、憎悪とは別に手が届くにはあまりにも遠いと感じました。ちくしょうとか思いながらも、推移を見守るしかない状態だったので、情報を仕入れて精査していくっていう作業でいっぱいいっぱいでしたね」

翌日以降も各社の続報は続く。泰蔵は続ける。

「僕がいちばん気にしていたのは、実は持ち物なんです。理沙の部屋から盗み出したとされる、私物たち。それだけは何としてもご両親に返してあげたい、届けてあげたいと思って。ずっと気に留めながら仕事中にもチラッチラってスマホを見るんですけど、何かの記事に【持ち物は捨てた　供述……】なんて書いてあったときには正直、絶望しましたね。似たような情報がヤフーニュースで何度も流れてきた、ボクシングのパンチみたいにドコドコドコドコって。その記事、一つ一つが蓄積し、まるでボディーブローのように胸を抉《えぐ》る。だからずっと泣いてましたよ」

しかし数日も経つと、容疑者否認のまま些細な続報すら聞こえてこなくなった。

「悲嘆に暮れられていただけ幸せだったんですね。あれ？ あの200日は何だったんだろうって。犯人が逮捕されても事件直後の気持ちと変わらないなんて全く想像していませんでした」

虚無感しかなかったと泰蔵は言う。犯人逮捕には至ったが、事件の真相はわからずじまい。彼にはまだやり残したことがあった。


数ヶ月後、泰蔵は東京拘置所に出向き、収監されている戸倉に面会を申し込んだ。関係性の欄に事件関係者とだけ記したのは、理沙の彼氏だと知られると謝絶されるのではと考えたからである。すると戸倉はすんなり面会を受け入れた。恐らく誰だかわかっていなかったに違いない。

面会の目的は、とにかく彼と対峙し、活字になって漏れ伝わる話ではなく、目を見て、耳で聞いて、その所作や声色からコトの真偽を判断するためである。きっと検察や弁護士にも話してないことがあるはずだ。

「質問に対する反応を見たかったんです。目は言葉以上にものを語るから、犯人の目を見て10分でも、15分でもいいから話してみたかった」

アクリル板越しに向き合い泰蔵が鋭く睨みつけると、戸倉は驚いたような表情を浮かべた。しかし「誰ですか？」などの質問はもちろん、「えっ？」などとも感情を言語化はしない。終始無言のままだ。

「だから『俺のことわかる？』って聞いてやったんです。言葉が乱暴になったのは、恋人を殺した相手に敬語を使うのも嫌だったので」

「反応はありましたか？」

「何も答えなかったから、『わかんないんだ、まあいいや』と質問を切りました。そして畳みかけました。『全部話した？』『検察や弁護士に話してないこともあるんじゃないの？』って。答えないまでも、だんだん形相が変わってきましたよね。驚いた顔から、ちょっと眉間にしわを寄せ気味な感じに。僕が負けじと睨み返すと、視線を逸らして目が虚ろになっていった。だから僕は、逃げるなよと言わんばかりに相手を覗き込み、目を合わせ続けたんです」

恐らく戸倉は理沙の兄弟か彼氏などの親しい人物と感づいたことだろう。それは戸倉が、面会時間の15分を待たずに泰蔵の視線を遮るかのごとく刑務官に「すいません、面会を中止してください」と告げたことでもわかる。

「顔を背《そむ》けながら席を立ち、うつむいたままで言ったんですよ。戸倉が発した言葉はこれだけです」

謝罪はもちろん、日常会話に付き合う構えもない。果たして泰蔵は、戸倉の虚ろな目の奥に自分が助かるためなら裁判で嘘の証言を厭わない無慈悲な素顔を見る。

収穫はなかったが泰蔵は、真相を追い求める思いをさらに強くした。

「理沙の身に起きた真実を知りたい。ただそれだけ。あのとき、彼女の身に何があったのか。なぜ理沙は戸倉に殺されなければいけなかったのか。真実は裁判所の記録にもない。全ては犯人が持っている。あの男だけが本当の理由を知っているんです。自分は事件以来、常に真相を追い求めるべきか否か、早く忘れて気持ちも新たに食えるような役者を目指す、それを彼女も望んでいるのではと自問自答を繰り返してきました。でも結論は真相を追い求めることでした。悩めば悩むほどその思いを強くしたのです。道しるべになったのは、たった一つ。理沙が大好きだからです。その気持ちに嘘はないから、間違いじゃないと、彼女もそのことは否定しないと信じています」

面会はわずか6分ほどで終了。戸倉は逃げるように部屋を後にした。

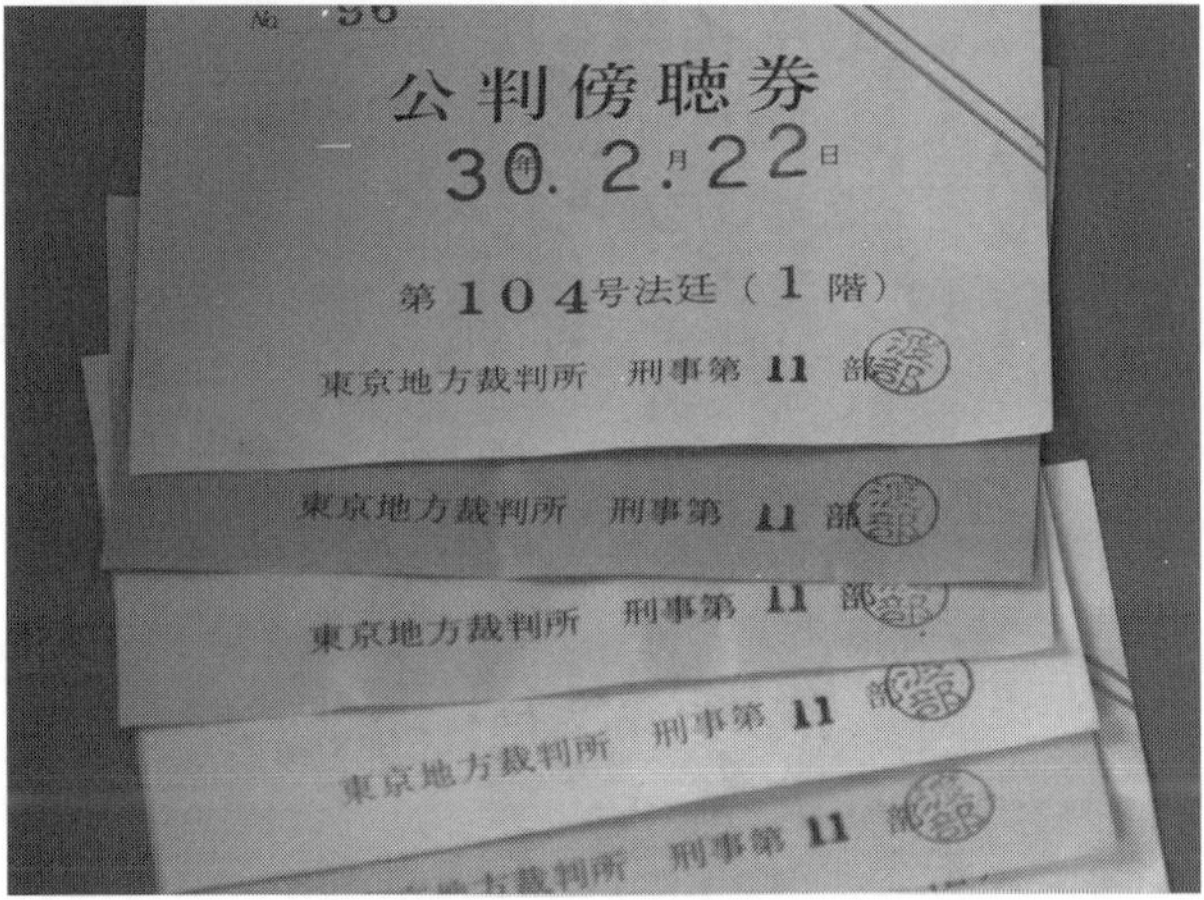

裁判は欠かさず傍聴した

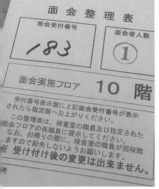

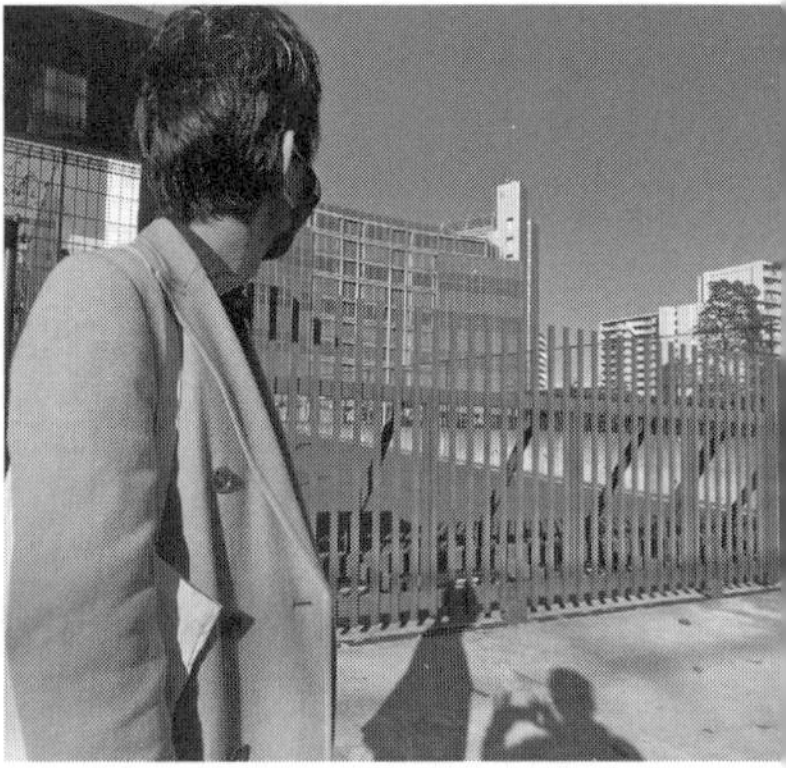

右／戸倉との面会に訪れた東京拘置所前にて
左／拘置所から発行された面会整理表

犯行は全て幻聴に従ったまで

２０１７年2月、東京地裁。時は流れ、初公判は犯人逮捕から約1年が過ぎていた。

「宣誓　良心に従って真実を述べ、何事も隠さず、偽りを述べないことを誓います。宇津木泰蔵」

平静を装いつつ宣誓書を読み上げるも、声は震える。証人として法廷に立つ泰蔵の感情は、戸倉を前にすると急速に怨嗟へと変わっていった。

「法廷という非日常の場所で戸倉と隔たりのない同じ空間にいるという現実に、冷静ではいられなくなってしまって。だから、いったん天を仰ぎ、『俺はいま何をしているんだろう』って自問自答しました。事件をどこか受け止められていない自分がいましたが、宣誓書を読み進めて、やっと全て現実なんだと理解しました」

宣誓を終えれば、次は証人尋問。泰蔵はいかに戸倉がクロであるかを、死亡推定時刻直前に交わし、そして突然途切れた理沙とのＬＩＮＥなどについて、言葉を選びながらも詳細に証言した。

一方の戸倉は、裁判が始まると〝殺人だけ〟は認めていた。が、その上で犯行時、

「『早く、早くしろ！　早く殺せ！』などと男の声がした。確かにそんな幻聴が聞こえ

た」などと語りはじめた。

「その声に従わなくちゃいけないと思いました」

戸倉の持論は続く。理沙の部屋に入り、彼女の口を手で塞ぐ。そして床に仰向けにな

った彼女の首を手や扇風機のコードで絞め殺すのだが、全ては「首だよ、首」「コード」

といった男の声、つまり幻聴に従ったまでと供述したのである。

検察側の証人として出廷した、戸倉を鑑定した医師は、戸倉が犯行時、「対人関係で

臆病になる回避性人格障害だった」とした。論外だ。見ず知らずの女性に声をかけ殺害

する卑劣な行為を〝臆病〟の一言で片付けられるはずがない。

しかし、検察官が犯行と回避性人格障害との因果を問うと、医師は「あくまで今後も

関係が続く人に対し臆病になる。その場限りの相手であれば、声をかけるのは不自然で

ない。首を絞めたことは、人格障害だからという説明は難しい」と証言した。

医師は、戸倉が聞いたという男の声についても「脈絡がなく違和感を覚える。後付け

のような印象がある」と指摘した。果てに、幻聴や精神障害による犯行ではないことだ

けはカタがついた。

だが、もう一つの焦点である「ワイセツ目的」についてだけは、戸倉は頑なに否定した。理沙が全裸だった理由を検察に問われると、「自分の指紋が付いていると見つかる」と考え、「服を脱がせ持ち帰った」などと、再び持論を展開する。

減刑を狙った証言だったことは明らかだろう。犯行現場に残されたＤＮＡが、戸倉のものと一致していることからしても、有罪は免れられないと判断して少しでも罪を軽くしようと考えたに違いない。ワイセツ目的を認めたり、また認定されると、過去の判例からすれば無期懲役以上の刑罰が下る。戸倉からすれば、何としても守らなくてはいけない部分だった。

情状酌量を後押しするため、戸倉の母親が証言台に立つこともあった。

(戸倉の母親)「自分も親なんでわかります、ご遺族の気持ち」

(検察)「今後どうしたいと思いますか？」

(戸倉の母親)「極刑が頭をよぎります。(刑務所から) 出てきたら支えます。息子とともに一緒に罪を償っていきます」

素朴な愛情が常に正しいとは限らない。裁判では、遺族に寄り添い、息子と一緒に罪ほろぼしのため徳を積むかのような発言をした母親だが、それはあくまで息子のためだったのだろう。

事実、戸倉の母親は事件後、遺族に直接、謝罪の言葉を伝えたことは一度もない。ばかりか裁判が終結した今の今まで手紙一つ送っていないのだ。死刑か無期懲役の瀬戸際に立たされている。なら表面上だけでも取り繕ってしまえ。

愛するばかりに倒錯することは仕方がないことかもしれないが、戸倉とその母親は以降も、もっともらしく責任逃れの証言を続けた。

その絶望感に苦慮した当時を振り返りながら泰蔵は言った。

「色々と言っていましたけど、『そんなわけねぇだろ』って思いましたよね。腹立って、腹立ってしょうがなくて、休廷したとき裁判所の裏の非常階段の手すりをガンガンに蹴飛ばした。裁判って何なんでしょうね。まるでフィクションですよ。そんなこと言って許されるのかって」

泰蔵は証言を行ったあと、遺族側の控室に案内されたという。部屋の隅で大人しく座っていると、理沙の父親が入ってきた。

「守ることができず本当に申し訳ございません」

謝ることしかできない泰蔵に対し、誰よりも悔しさを背負っているはずの父親は彼の手を強く握り、そして言った。

「ありがとう」

真実を知る術をなくすなか、理沙の父親が言った感謝の言葉だけが心の支えだった。たまらず泰蔵は裁判終結後にも、戸倉の実家を尋ねたが、母親は「話すことはありません」と言うだけで、それ以上は何も語らなかった。

ワイセツ事実の認定は曖昧のまま終わったものの、裁判長は「被害者は夢や希望を理不尽な形で絶たれ、無念は察するに余りある」と述べ、判決公判で無期懲役を宣告する。証言台の前に座った戸倉は、視線を落としたまま身動きせず判決を聞き、うつむき加減に法廷を後にした。

戸倉は高裁、最高裁と減刑を求め続けたが、ついに無期懲役が確定する。2019年4月15日、事件から3年8ヶ月が過ぎていた。

ため息まじりに泰蔵は言う。

「死刑にならなかったのは正直、悔しかったです。でも、現実的に考えられる刑の中では最高の形だったと思っています。まあ、一応ですが、刑にだけは納得してますよ」

なぜ悔しさを滲ませるのか。泰蔵は最高裁の判決をもってしても事件の真相が葬られてしまったことが心残りだった。ために、無期が確定してからも、彼は千葉刑務所に服役する戸倉へ、定期的に手紙を出し続ける。以下はその一部である。

突然の手紙に驚いた事と思います。

私は貴方が殺した女性の恋人です。東京拘置所や裁判以来という事になります。

事件から5年が過ぎ、この手紙を書いている理由は一つ。真実です。

裁判は終わりましたが、私は裁判で語られた事全てが真実とは思っていません。

貴方が裁判で話した事には幾つかの不合理な点がありました。

1つ目は、近所のセブンイレブンは当時貴方が住んでいた[redacted]にもありましたし、セブンのコーヒーが好きで行ったというなら、何故[redacted]のセブンをわざわざ選んで行ったのか。

2つ目は、事件のあったマンション1階に住んでいた住人の証言やLINEの時間など様々な状況証拠があるにもかかわらず、貴方は玄関先で声を掛けたという一連の出来事を裁判中頑なに守り通してきました。


私には寧ろそれが不自然に思えて仕方ありませんでした。「ドアノブを回したら鍵がかかっていなかった、興味本位で部屋に入ってしまった」というような話なら、貴方が主張したわいせつ目的でないという言い訳もいくらでも出来たはずです。

悪魔の声だの荒唐無稽な話など出すよりよっぽどマシだったはず。

しかしそうしなかったのは、そう言わなければならない理由があった。どうしても話したくない事、守らなければならなかった部分。勿論、死刑を恐れての事か羞恥心という理由かもしれません。

ならば尚の事、死刑に値してしまうかもしれない、世間に知れると恥ずかしいと思う事があったという事。それは、貴方が事件を起こした本当の動機にも繋がっているからなのではないか。

3つ目は、貴方が自身のLINEを証言台でそのまま暗証できた事。逮捕されて以来、3年以上スマホを持っていないにも関わらず、少し長いID

獄中の戸倉に宛てた手紙。返信は一度もないが、泰蔵は現在も手紙を書き送り続けている今、貴方がどのような気持ちでいるかは分かりませんが、たとえどれほど贖罪の思いがあったとしても、真実を語らぬままで贖罪などない。まして裁判が終わった今、貴方の話を聞く者は塀の外に居ようはずもありません。

時間の流れの中で貴方の存在も忘れられていく。話したい時に話せぬまま、これからの残りの人生をその塀の中で過ごす貴方の話を、私は聞きたいと思います。もし真実を話すというなら、直接会って話を聞きます。この手紙への返信にての釈明は無用です。話すか話さないかでお応え下さい。話す気持ちになったとき返信を下されば私が赴きます。

返事はない。それでも出し続けるつもりだと泰蔵は言う。事件が風化していくなか、世間に忘れ去られていくなか、まだ彼だけは雌雄《しゆう》が決していなかった。

彼女の両親に背中を押され、生きていこうと

だから私も終われなかった。私だけ取材をやめることができなかった。その一方、役者の道に戻ってほしいと願うようになっていた。人の痛みが表現できる役者になれるの

では。彼女もそれを望んでいるのでは。これだけつらい思いをしてきたのだから。

手始めに、少しでも昔の感覚を取り戻してほしいと、ユーチューブ動画のナレーションを頼んでみた。そこでできあがったのが、ユーチューブ『日影のこえ』だ。2016年に静岡県で起きた「浜名湖連続殺人事件」で、黙秘を貫いた川崎竜弥死刑囚の半生を知人らの証言から追ったドキュメンタリーだ。

これまで真相解明だけに邁進していた泰蔵だったが、こと役者関連になると積極的になった。原稿を読み込む。何度も納得がいくまで読み直しをさせてほしいと言う。表情はプロの役者そのものだ。以来、動画制作者とナレーター役の、私と泰蔵の関係は現在も続いている。やはり演じること、表現することが好きなのだ。となれば、もう論を俟《ま》たない。

「もう一度やりませんか?　役者」

私は、間合いを計りながら、どこか他人事のように飄々と言ってみた。が、また彼も他人事のように受け流した。

「そうですよね。理沙と話していた『役者だけで食う』夢は達成できてない状況なわけですよね。だから、いつか最高の場所に立ち、そこで『2人の夢が叶ったぞ!』って言ってやりたい気持ちはあります。役者を辞めた?　って言われると『いや辞めちゃいない』って思っています」

泰蔵が少しその気になったのは、ナレーションを始め、視聴者から応援コメントが届くようになってからである。

2021年5月のある日、私は泰蔵と、理沙の墓がある仙台に降り立っていた。再び役者の道に戻ることを彼女に報告するためである。むろん、彼女の両親にも伝えた上でのことだ。

彼は「何度も何度もお墓参りに来てますけど、今日はすごく心が穏やかですよ。不思議な感じ、初めてです」と言ったあと、彼女が好きだったビールを供えて手を合わせ、そっと目を閉じた。

1分後、そっと立ち上がり振り返った彼の表情は実に晴れ晴れとしていた。泰蔵は言う。

「死にたいと、犯人を殺して自分も彼女のそばに行きたいと、ずっと思っていた。でも僕は、生きるって決めた。それには時間が必要だったんですね」

役者に戻るということはつまり、生きることだ。最後に背中を押してくれたのは、他でもない理沙の両親だった。

「これからの人生を生きてほしいって。君の人生を生きてほしいって。まるで実の息子に接するようにそう言われて、だんだんと生きようって思うようになった。もう、これ以上はお母さんたちを悲しませたくない。自分が命を絶つことによって、ご遺族の方たち、お母さんたちにもっとつらい思いをさせてしまうのかもしれない。それだけは絶対にできないなって」

2021年8月25日未明、事件から6年が経った理沙の命日に、私と泰蔵は事件現場のマンション前にいた。私らが見つめていた2階のある部屋の明かりが、やがて消えた。完全に日常を取り戻しているのだろう。理沙の部屋だった明かりの消灯は、まさにそれを示している。一方、いまも必ず月命日に花やビールを携え、少し離れた場所で手を合わせる男。

「本当は彼女の部屋に引っ越したかったんですけどね、アハハ」

泰蔵が、冗談とも本気ともつかない顔でつぶやいた。そんな理由で彼女のマンション近くの6畳一間で暮らす泰蔵は、事件で失った日常を取り戻そうと必死にもがいていたのである。

思い出されるのは、理沙の両親に背中を押され生きると決めた以降の、泰蔵の言葉だ。

自ら志願し、オーディションを受けて俳優養成所に入った。37歳になったいま、歳が一回りも二回りも違う若者たちと再び切磋琢磨している——。自分の置かれた現在地を噛み締めるかのごとく、こう言っていた。

「自分の足で一歩踏み出すっていうより、何かに後ろからぶわって押されて体が前に進んでいくような。『食っていけなきゃどうしようもない』『食える役者になろう』というのが理沙との共通認識だったので、それを目指して。そして、いつか日本アカデミー賞を取りたいなと。表彰台に立って、ここまで来たぞと。頑張ります。その景色を彼女にも見せてあげたいというのが、僕の夢ですから」

泰蔵は仙台で眠る理沙に役者復帰を報告した

YouTube『日影のこえ』の撮影で訪れた思い出の九十九里浜で再起を誓う

少なくとも漂流の日々は終わったのだろう。しかし、どんなに前向きになっても、自分の人生を歩むと決めたとしても、2015年8月25日未明に、恋人の理沙が着衣を剥ぎ取られ、手やコードで首を絞められ息絶えた事実を巻き戻すことはできない。

泰蔵よ、アナタは理沙が生きていたらどんな人生を歩んでいたのか。そして私は、アナタに何をしてやれるのか。苦海に争うかのごとく泰蔵は静かに言った。

「いままで本当にありがとうございました」

その一言で私は安堵した。が、彼の中ではまだ終わっていないのかもしれない。

犯罪被害者遺族の多くがそうであるように、真相究明という目的を失うことを、ひいては理沙を忘れて前に歩き出すことを何より恐れているように思える。感謝の言葉の奥からは悔しさも窺える。未だ戸倉へ手紙を送り続けている彼のこと、今は影を潜めているが、犯人への憎悪を捨てきれずにいるに違いない。

ただ、私は泰蔵と一緒に真相を追い求める気にはなれなかった。彼から理沙の後を追う選択肢が消えたことで、自分の役目は終わったのだ。

8年ぶりに役者として舞台に復帰

2023年4月、東京・日本橋の地下にある劇場の片隅に私たちは一塊《ひとかたまり》になり座っていた。私たちとは、本書の取材に携わった〝取材班〟ともいえる一同だ。この日は示し合わせたわけではなく皆が自然と集結していた。中野劇団員殺害事件の被害者の交際相手・宇津木泰蔵が事件以来、8年ぶりに立つ舞台を観るためだ。

2021年に恋人の七回忌を終え役者の道に戻ることを決意した泰蔵は、オーディションで本公演の出演を勝ち取り、1年以上の歳月をかけて稽古に励み、役者の勘を取り戻して本番当日を迎えていた。すでに、歳はアラフォー。時折「若い頃とはやっぱり違いますね」などと口にしつつも、その顔つきにはいつも覚悟と充実感がみなぎっていた。

とはいえ、復帰舞台は決して大がかりな舞台装置が用意されているわけでもなく、衣装は自前で、劇場のキャパも40～50席程度。共演者たちはいかにも初舞台の雰囲気を醸し出す若者も多かった。まさに駆け出しの役者たちが集っているそんな場は、泰蔵の、また一からやり直すという思いを代弁しているかのようでもあった。

贔屓目《ひいきめ》に見ても、泰蔵らが紡ぎ出す舞台は素晴らしかった。泰蔵は主役ではなかったが、ストーリーには欠かすことの出来ない役を任され、物語の転換には常に彼のセリフが用意されていた。舞台も後半になると、大半の観客が泰蔵の一挙手一投足に注目しているのが分かった。それは幕が下りるまで続き、大きな拍手を浴びたカーテンコールが終わると、泰蔵は律儀にも私たちのもとに挨拶に来てくれた。8年ぶりの舞台復帰に少し感傷的になっているのでは。私たちの想像はいい意味で裏切られた。

「わざわざ皆さんで来て下さってありがとうございました。やっと役者をやっている姿をお見せすることが出来て良かったです」

恋人が殺され、かつて一晩中、犯人探しのため住宅街を歩き続けていたときに見せていた悲壮感は全くなくなっていた。

「役者としてはまだまだ、まだまだですけど、楽しかったです」

泰蔵はもう過去ではなく前を向き歩み始めているのだ。そして、舞台には本やユーチューブで彼を知り見に来た人も多くいると言い、感謝の言葉を述べていた。

この頃になると、泰蔵と会う機会はめっきりと減っていた。かつては事件の情報提供を呼びかけていた彼のＳＮＳも、役者としての活動を報告する投稿が大半。それを見る限り、復帰舞台後、役者としての仕事は順調に増えているように思えた。

２０２３年8月末、毎年恒例となっていた命日での献花の際に再び泰蔵と会った。いつもと同じように、現場マンションから少し離れたところでビールを供え、そっと手を合わせる彼。そして数分間、微動だにせず、目を閉じたまま姿を崩すことはなかった。

やっと役者の道に戻り、切磋琢磨する日々の中で泰蔵本来の明るさを取り戻したようにも見えるが、この姿だけは事件が起きてから全く変わることはない。ただ、事件後の生活で大きな変化があったという。泰蔵は私たちと共に現場で手を合わせると、その翌日には彼女の眠る仙台に向かい墓参りするのが恒例だったのだが、この年はすでにお盆に墓参りを済ませていた。毎年仙台に行っていた時期に非常に小さな役ながら役者としての仕事をもらったからだそうだ。

「悩んだんですよ。墓参りに行くか、仕事を取るかって。でも、役者をやっていた彼女だったら『そんなことで仕事を手放すな』と言うだろうし、それに役者としての仕事をしている方が供養にもなるとも思いましたし」

泰蔵の行動軸がいまも彼女への思いにあるということに変わりはない。ただ、彼女と「売れる役者になる」という約束が現在の泰蔵の原動力になっていたのだ。もしかしたら、彼は事件を乗り越えたのかもしれない。

「いま、こうして役者をやっていられるのも、舞台に復帰できたのも、彼女のおかげなんです。自分は彼女を守ることは出来なかったけど、出会えたことにも心から感謝しています。その思いはずっと変わっていなかったけど、彼女の墓前で言ったのは今年の墓参りが初めてなんです。いままでは、ありがとうって口に出すと、彼女の死を受け入れてしまうようで言えなかったんですけど、今年は自然と素直に言うことが出来ました」

泰蔵はそう言うと、私の方に向き合い言葉を紡いだ。

「役者として食っていけるように必ずなります」

泰蔵の決意に、恋人のためにも頑張ってください、と言いかけ言葉を飲んだ。一取材者でしかなかった私がかけられる言葉は、とうの昔になくなっている。

泰蔵がこれからどういう役者人生を歩むのか、想像はつかない。絶対に売れますよ、と無責任に言うことも当然、出来はしない。もしかしたら役者としての道を志半ばであきらめなくてはいけない日が来るかもしれない。そのとき、泰蔵は役者を辞めることを彼女に報告できるのだろうか。

それでも、事件が起き犯人探しを始めるしか選択肢がなく、役者を辞めたあのときに比べれば大きな違いがあるのは歴然たることだ。役者を続けるも辞めるも自分自身で決めることが出来るのだ。泰蔵は、そんな当たり前のことを取り戻すために8年の歳月を要したのだ。もう、私が願うのは納得するまで役者の道に邁進して欲しいということばかりだ。泰蔵もそのつもりで取り戻した日常を過ごしていたことだろう。

その後、泰蔵と全く面識のない脚本家がなんの確認も取らずに、泰蔵のことを舞台化するという事案があった。本書の親本『日影のこえ』が原作のような扱いをされていたという。当然、泰蔵からも話は聞いていないのだから、心情の表現がめちゃくちゃで、あまりにも軽い男に描かれていた。事件から8年が経ち、もがき続けた男が前に進もうと歩みを始めた矢先に、足を引っ張ろうとする人間がいるとは。

「犯罪被害者に優しい社会っていうのはなかなか実現しないですね」

泰蔵の言葉は私たちに重くのしかかっている。

千葉小3女児殺人事件

「日本とベトナムをつなぐ架け橋になりたい」保護者会会長に殺された愛娘《まなむすめ》の意思を継いで

事件の涙

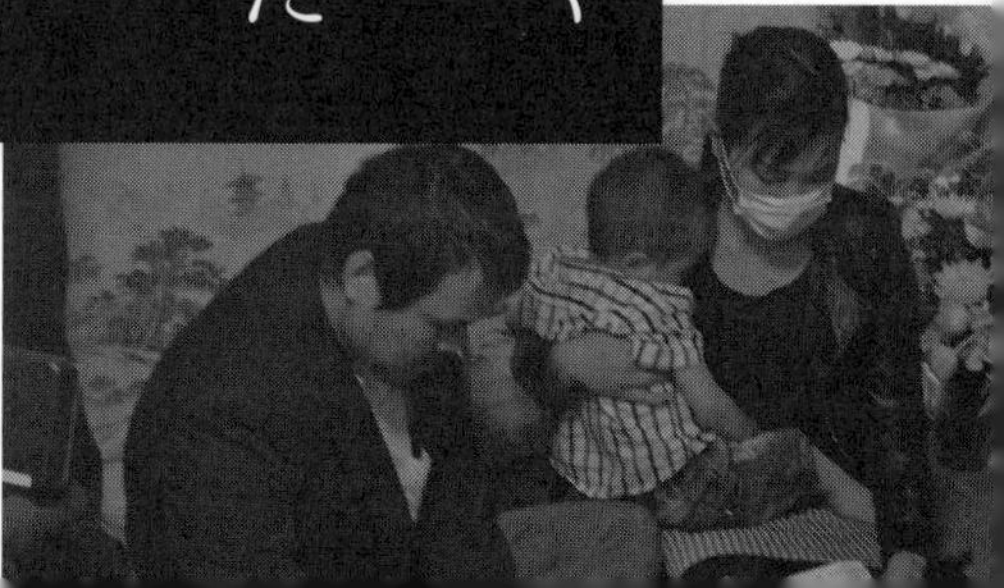

小学校の入学式直前に撮られた動画には、家族の何気ない日常が記録されていた。東京タワーを中心として広がる、東京・芝公園の一角である。雲一つない空の下、遊歩道でスマホのカメラを構えるベトナム国籍の父親レェ・アイン・ハオ（事件当時34歳。千葉県松戸市在住）を目指して、ピンク色の靴を履いた娘のレェ・ティ・ニャット・リン（同9歳）が楽しそうに駆け寄る。絵に描いたような、強い絆で結ばれた家族の理想の休日像である。だが、この動画が撮られた約3年後の2017年3月24日、少女は行方不明になった。

その日、元気よく登校したリン。授業が終われば、いつもは15時には帰宅していた。ところが、夕方になっても、夜が明けても帰ってこない。両親の要請で、警察や地域住民による捜索が始まる。そして3月26日、自宅から約10キロ離れた千葉県我孫子《あびこ》市の排水路脇で、少女は冷たい雨が降るなか遺体で発見された。

その約3週間後に逮捕されたのは、渋谷恭正《しぶややすまさ》（同46歳）。リンが通う小学校の保護者会で会長を務め、通学路で子供たちを見守る活動までしていた男だった。なぜ、渋谷はリンを狙ったのか。動機は裁判でも明らかになっていない。ただし、リンが出生よりこのかた眩いばかりに輝いていたことは、学校の授業で書いた作文の一節にはっきりと残されている。

〈日本とベトナムをつなぐ架け橋になりたい〉

家族をベトナムに残し、2007年から単身日本でIT技術者として働いていたハオも娘と同じ思いだった。

「小学生がひとりでランドセルを背負って学校に行く姿を見て、感動しました。日本はなんて安全で良い国なんだろうと。ベトナムでは考えられないことです。だから自分の子供にも日本で育ってほしいと思っていました。日本とベトナムの架け橋になるような人間に育ってほしいと」

ハオは、娘リンのミドルネームをベトナム語で日本を意味する「ニャット」とし、生まれてすぐに家族と共に日本に呼び寄せた。しかし皮肉にも、父の願いは最悪の結果を招く。まだ小学3年生ながらも、異国の地で暮らす外国人ならではの夢を抱いていた少女は、顔見知りの男の犯行により不慮の死を遂げるのである。

キャンピングカーの中で非道の限りを

2021年4月、私は事件から実に4年ぶりにリンの死体遺棄現場に立っていた。現地の光景は当時と変わっていない。用水路の奥に広がる、まだ田植え前の田園。秋には

上／家族旅行にて、父ハオ、母グエンとカメラに収まる。母が抱いているのがリンの弟
左／被害者のレェ・ティ・ニャット・リン。事件当時、千葉県松戸市内の小学校に通っていた

遺体が発見された千葉県我孫子市北新田の排水路。
現場には、リンの好きだったピンク色の祠が建てられている

一面に黄金色の稲穂が実ることだろう。

唯一変わっていたのは、祠が建てられていたことだ。リンが好きだったピンク色の小さな殿舎である。彼女の生前写真はピンク色の服を着るものばかりであることからも、ハオが建てたものに違いない。新しい花がいくつも手向けられている。ここだけは生命が宿っていた。

現場に来た目的は事件の総括である。少しでもリンの足取りを明確にしておきたい。

終業式を間近に控えたリンは、来る春休みを楽しみにしていた。生まれ故郷で、大好きな祖父と祖母が住むベトナムの首都ハノイに、休暇を利用して遊びに行くことになっていたのである。ちなみに、母親グェン（同30歳）と弟（同3歳）は春休みを待たず、一足先に帰国していた。

２０１７年３月24日午前８時すぎ、ピンクのトレーナーにパーカー、その上にランドセルを背負ったリンは、ハオが日本で働き購入した中古戸建ての自宅を、職場に向かうハオと一緒に出る。いつもよりは少し遅くなってしまったが、８時半の始業時間には充分に間に合う。小学校までは約９００メートル。子供の足でもわずか15分だ。すでに小学校に向かう子供の姿は少なく、通学路で見守りしていた保護者たちも三々五々、帰路

事件当時、メディアの取材を受けるハオ一家

についていた。

　そのとき、リンの自宅から200メートル離れた交差点で、ある異変が起きていた。地域ボランティアとして見守り活動をしていた女性は言う。

「その日は居なかったんですよね、いつも見守りの活動に参加していた渋谷さんが。後日、『そういえば事件の日、参加していなかったですよね？』と聞いたら『インフルエンザになってしまったので』と言ってました」

　リンのことも明確に記憶していたと、女性は続ける。

「いつもニコニコしながら学校に行ってましたよ。学校が本当に楽しんだろうなという感じで。朝、子供たちは手を振ってくれたり、ハイタッチしてくれるんですけど、リンちゃんも同じでした。行方不明になった日は、確かに見てないかもしれないです。でも気づかなかったんです、ここより前で何かあったのか、私が帰ったあとにここを通ったのか……」

　インフルエンザに罹患《りかん》したはずの渋谷は、翌日以降、リンの捜索時に何度か目撃され、「体調が悪そうに見えなかった」と女性は証言する。

　渋谷はどこでリンに目を付けたのか。小走りで学校へ向かうリンに「送っていく」とでも声をかけたのだろう。彼女を自宅近くの駐車場に停めていたキャンピングカーの中で非情の限りを尽くしたうえで殺害する。その後、軽自動車に乗り換え、松戸・我孫子一帯を徘徊。各地の防犯カメラには渋谷の軽自動車がうろつく姿が映っていた。

一連の行動を、警察は「死体の遺棄場所を探していた」とした。対し、渋谷はこう供述する。

「コンビニが近い〝釣り場〟を探していた」

実際、彼が徘徊していた近くには格好の釣りスポットである利根川が流れている。が、それはリンのランドセルが見つかった場所であり、死体が遺棄された排水路が露骨に鎮座する。そして逮捕。決め手になったのは、渋谷のキャンピングカーの中から検出されたリンの血痕やDNAだった。


事件から約1年2ヶ月後の2018年6月4日、千葉地裁で初公判が開かれた。

「やっていないことをやっていないと言ってはいけないのでしょうか。架空の事実を述べたり、証拠を捏造したりして腹立たしい」

刑事裁判において被告は、無罪を主張する権利を有し黙秘権も認められている。しかし、渋谷はその司法をも馬鹿にしているとしか思えない態度で無罪を主張した。利根川で見つかったリンのランドセルに、キャンピングカー内に残された血痕やDNA。突きつけられた物証に対しても、開き直ったかのように捜査批判を繰り返す。さらに「登校中なら親が悪い。校内なら教員が悪い。(事件は) 通学途中のことなので親の責任だ」と嘯《うそぶ》くなど、渋谷は父ハオにも矛先を向けた。仮に無実だとしても法廷で無慈悲な御託を平気で並べるこの男はいったい何者なのだろうか。

渋谷は東武野田線六実《むつみ》駅前にある立派なマンション一棟を所有し、入居者から振り込まれる毎月の家賃収入を生活の基盤としていた。が、現場近くで彼をよく知る人物に話を聞いてみると「親から相続しただけ」で、渋谷が築き上げた財産ではなかった。

渋谷は同マンションの一室に住み、籍は入れていないものの中国国籍の女性と暮らし、2人の子供もいた。そのうちのひとりはリンと同学年である。

「マンションの管理は厳しすぎると思うこともありましたけど、厳しくないよりはマシですよね。きっちりした性格の大家さんだと思っていました」

ある入居者が言うように、彼の評判は予想に反して悪くなかった。高校時代の同級生にも聞いて回ったが芯を食うような話は浮上しない。どころか、渋谷の人間性を把握している者は皆無だった。ならば、渋谷は逮捕までの46年間、牙を隠し、息を潜めて生きてきたとでも言うのか。

しかし取材を進めると、ひとりの女性保護者から興味深い話を聞くことができた。

「渋谷さんの子供とウチの娘が小学校の同級生だったので、娘は何度か1人で渋谷さんの家に遊びに行ったことがあるんですけど、ずっと見られていて楽しくない、怖いって言ってました」

小児性愛――。取材を通じてそう確信した私は、裁判で渋谷の口から犯行動機が語られるのを待った。しかし、渋谷は動機はおろか、犯行そのものを真っ向から否定した。いや、それ以上に私が落胆したのは、千葉の拘置所に収容されている渋谷に手紙を送るも返事は来ず、真相を直接聞く道が途絶えたことだ。マスコミとの接触は全て断っているらしい。

獄中の渋谷から話を聞くルートを探っていると、ひとりの女性にたどり着いた。

「大きな事件が起きると、何かお困りのことはありませんか？　と手紙を出すんです。渋谷さんにも同じような内容の手紙を送りました」

犯罪者の更生を支援する活動に就く彼女によれば、数ヶ月後、忘れた頃に返信があったという。

はじめましてこんにちは。お手紙ありがとうございます。私は眼底出血をしているた

渋谷恭正。2022年5月11日、最高裁に上告が棄却され
無期懲役が確定した

め両目とも失明寸前で目が見えませんのでお手紙の内容を理解しておりません。すいません。目が見えないため、字が汚くてすいません。もし、またお手紙をいただけるのならサインペンかマジックで10円玉サイズの文字で書いてください。（一部要約）

「嘘だと思いますよ。手紙の内容がわからないなら、なぜ私の住所は読めて、手紙が書けるのか、説明できないですよね」

それでも、渋谷の希望に従い、彼女は10円玉と言わず500円玉サイズの字で手紙を書いた。返信はなかったが、一審で無期懲役が言い渡され（2018年7月6日）、東京高裁での審理が行われていた約1年半後の2020年冬、渋谷から1枚の葉書が彼女のもとに届く。文字は乱雑で、もはや解読することすらできない。ただし、そこには精神の弛緩があり、女性の住所がはっきり記されていた。

「冷たい言い方をすると、まだやっているんだと思いましたよ。裁判でも一時期、目が見えないと供述していたそうですけど、時間が経つにつれ、そんなそぶりを見せなくなったと言いますし。何というか、場当たり的な人だなと。重罪事件を起こした被告にありがちですけれど、信頼関係を築くのは難しいと思い、それ以降、手紙は出していません」

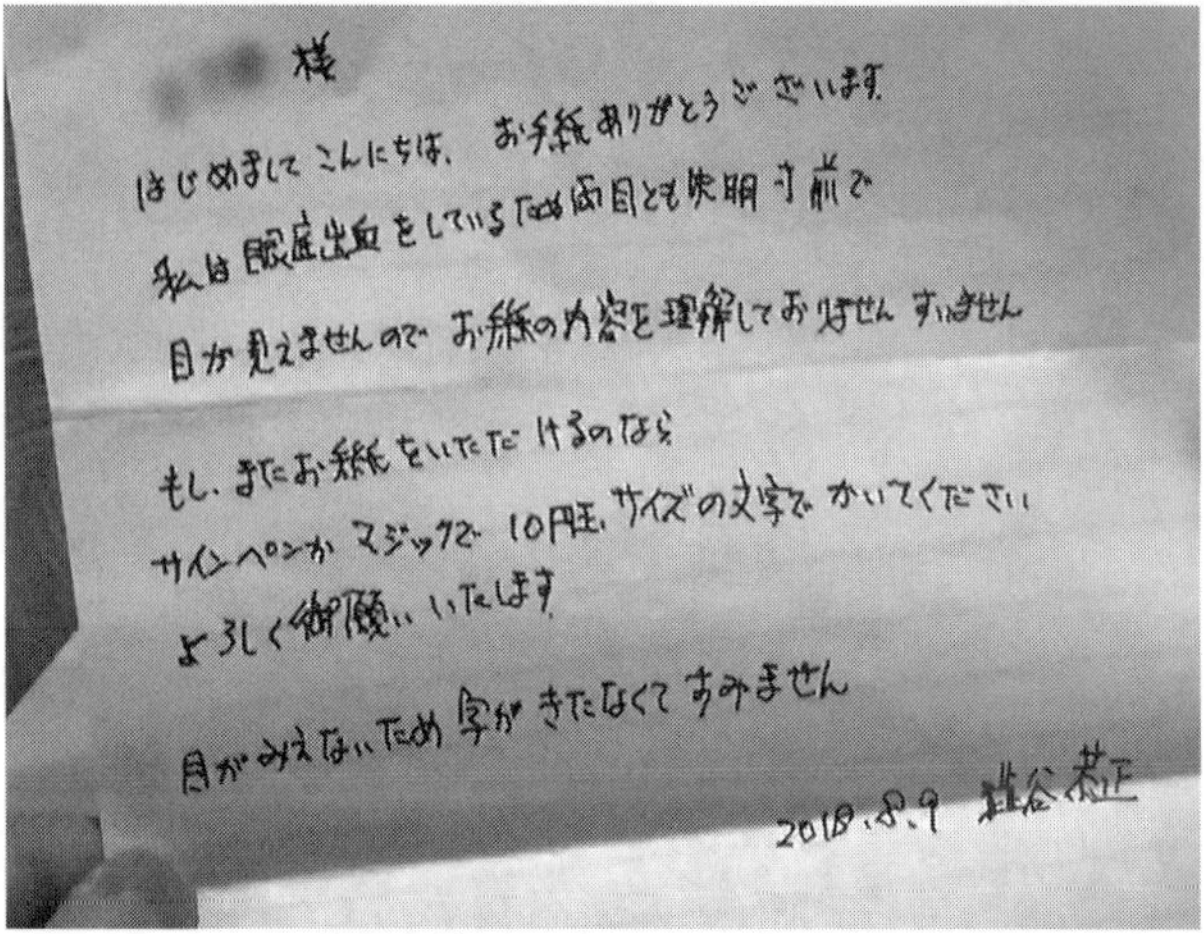

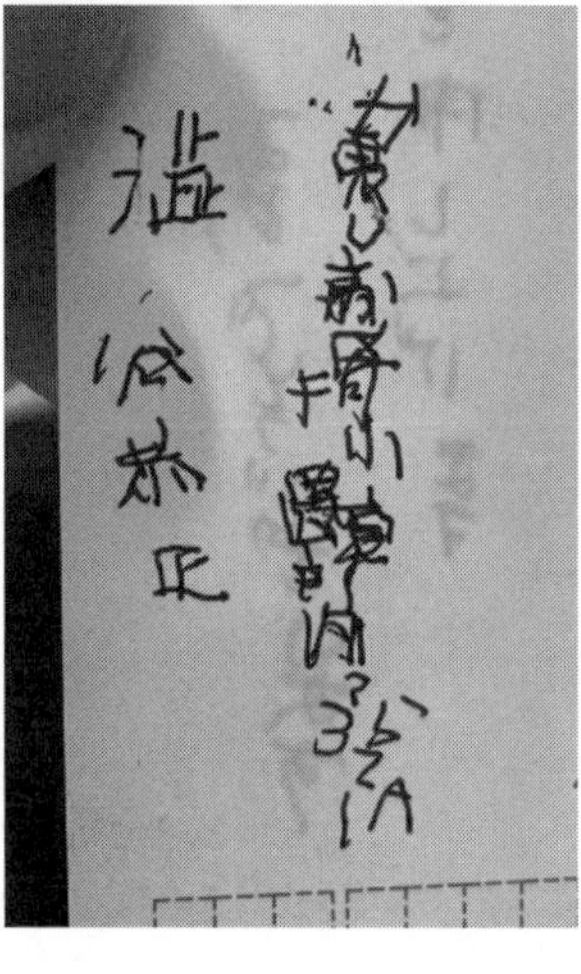

上／支援者のもとに届いた渋谷からの手紙
左／別の時期に届いた葉書の文字は
判読できないほどに乱れている

狡猾というよりお粗末と表現すべきか。女性の見立てが間違いなかったであろうことは推測がつく。殺人犯が仮病を使うことはよくあることだ。

リンに何と報告してよいか、わかりません

殺人や強制わいせつ致死などの罪に問われた渋谷の裁判は進み、2021年3月23日、高裁でも控訴は棄却され無期懲役が言い渡される。当然、死刑を願い続けていた遺族は憤ったが、判例からして無期懲役も当然と言える。正論を突きつけられ、父ハオは何を思うのか。

そんなとき、記者仲間から思いがけない情報が飛び込んできた。

「ハオさんが千葉でベトナム料理のお店を開くらしいよ」

驚いた。リンをベトナムに埋葬していた彼は、裁判が終わったら日本を見限り家族でベトナムに帰るのだろうと思っていたが、この地に留まるというのだ。ハオがオープンしたのは新京成線の元山駅前の『ハーグェン』というベトナム料理店。私はすぐに同店を訪れ、開店祝いの心ばかりの花を手にハオを直撃した。

「私にとっては、リンを殺害した犯人は渋谷恭正です。残虐な犯人。反省もしないし、

公開処刑もできないし。人間性を持ってないですね。人間性を持っていないので、人間世界にいないほうがいいと思います。だからこの世から消えてほしいですね」

彼は事件発生以来、ずっと極刑を求め続けていた。その思いを完遂するために、苦手な日本語を勉強し、自ら駅前に立ち、時にはインターネットを通じ日本だけでなく母国ベトナムでも、死刑を求める署名活動に邁進していた。

それは、一審での無期懲役判決に驚き「ならば自分が仇を討ってやる」との思いからだった。街頭に立ち、「リンちゃんを殺害した犯人に対して極刑を望みます。千葉県に住んでいる方、全ての日本国民のみなさま、私はリンちゃんの父です」と覚えたての日本語で繰り返した。ハオの活動は多くの共感を呼び、135万筆もの署名が寄せられた。

ハオは、殺害には計画性がなく無期懲役が相当だとした高裁の判決後も上告を直訴する。だが、検察は上告せず、事実上、渋谷に死刑判決が出されることはなくなった。

「日本の法律は何なんだと思った」

ハオは事件発生からほどなく、勤めていた会社を辞め、千葉地裁の判決2ヶ月後に職場に復帰したものの、2020年8月頃にまた仕事を辞めている。精神的に、どうしても働けなかったという。ハオは生活をも犠牲にして闘ってきたのだ。

「渋谷恭正はどうしても許すことができないです。それ以外の（日本の）人はリンの事

上／高裁判決後、ハオが新京成線の元山駅（千葉県松戸市）前にオープンしたベトナム料理店『ハーグェン』。2022年春、店名を夫婦の名を冠した『ハオ・グェン』に改称。下／渋谷の極刑を求めて遺族らが集めた135万筆の署名

件に関係ない方だったら、もちろん関係ないと思います。良い人もたくさんいます。事件後に助けてくれた日本人もたくさんいます。今後リンの取材は受けません」

日本の司法は、納得はいかないまでも受け入れる。でも、リンの死だけは受け入れられていない。だから「これ以上は踏み込んできてほしくない」との明確な意思表示だ。彼の想いを汲み取った私は自分の無神経さを恥じ、質問を重ねることをやめた。

事件について語りたい人もいれば、忘れるため一切語らない人もいる。被害者遺族として生きるのであれば、どちらがいいのか。正解はない。どちらを選択しても遺族に光など差しはしない。ただし、何かを話したくなったとき、私に何ができるのか。

数日前の無礼を謝るためハオに電話をしてみると、意外にも彼は「娘のことを話せず、ごめんなさい」と詫びた。意を決して「また店に行きたい」と言ってみる。と、彼はすんなり受け入れてくれた。むろん、その場でリンのことは触れず。

その日、ハオは店でメニューの貼り替え作業をしていた。

「今日は新しいメニューと値段を変更しました。みなさんとお店の両方が喜ぶことができるようにしないと良くないと思う」

店は自分が見る限り好調のように思える。が、「自分だけが儲かるのは申し訳ない」

とハオは言う。彼の人柄が表れている。

貼り替えは終わり、真新しくなった壁を見つめ、ハオは呟く。

「この春巻きは、よくリンと妻が一緒に作ったものですね。で、リンがいちばん大好きだったのが、このマンゴーのスムージー」

娘の取材は受けないと言っていたハオが期せずして語り出した。

「もしお店のオープンのときにリンもいたら、いちばんいいなと思った。想定できなかったですね、リンが3年生のままいなくなるなんて……」

メニュー一つとっても、娘と過ごした思い出が込められているのだ。そして、自分を鼓舞しながらも、決して逡巡することなく前言を翻す。

「リンに関する取材、もう一度受けようと思います。これで最後になると思います。事件のことを思い出したくない、でも自分たち家族は前に進んでいかなければならない。だから私たち家族の今と一緒に記録してください」

ハオは事件後、リンが残した作文などを辞書を片手に繰り返し読んだそうだ。その中には日本の友達にベトナムを紹介する文章もあったという。

「リンがやりたいことは、ベトナムの料理や文化を日本に紹介することだったから。だから自分が何かできるかを考えて、これからもやっていきたいなと思っています」

こそだ。

〈日本とベトナムをつなぐ架け橋になりたい〉

ベトナム料理店『ハーグェン』を開いたのも、冒頭に記したリンの言葉があったからこそだ。

高裁での判決後、ハオは言った。

「最高裁が最後の望みだったので、検察にはどうしても上告してほしかった。いまはリンに何と報告してよいか、今後どうしたらよいのか、わかりません」

渋谷が死刑にはならないことが確定した現在、ハオは毎月24日の月命日に、ピンクの祠に手を合わせ続けている。

「これからは家族でこのお店を守っていくことが目標です。リンもそれを望んでいると思います。だから、もう少し日本で頑張ります」

リンの夢は、家族を一歩、また一歩と前に進ませていた。2022年春には店名を『ハオ・グェン』と、夫婦の名前を冠した屋号に改めた。そこに私は、潰えた〝最後の望み〟を悲観することなくリンと共に生きる遺族の決意を見るのだ。

2024年4月5日、ポータルサイト「CHANT WEB」がリンの家族の近況を伝えた。「【独自】リンちゃん殺害事件から7年　母親が初めて語る残された家族のその後『弟は夕方になると玄関で姉の帰りを待っていた』」と題された配信記事によると、松戸市に開いたベトナム料理店はコロナ禍のなか経営不振に陥り閉店。その後、福島県二本松市の温泉街で売りに出されていた元旅館を買い取り、2023年6月、新たにベトナム料理のレストランをオープンさせたのだという。この地を選んだのは、東日本大震災による津波と放射能で、ある日突然平穏な日常を奪われた人々と、愛娘を亡くした自分たちの境遇が似通っていると感じたからだそうだ。現在は、旅館の宴会場を利用してレストランを営む傍ら、旅館の営業自体も再開すべく、客室の改装工事を9割ほど終え、営業許可が下りるのを待っているという。宿はベトナムから装飾品なども取り寄せ、ベトナムのテイストと日本の文化や特徴を合わせた温泉旅館になる予定らしい。また、リンの両親は彼女が亡くなった後、2人の子供を授かり、現在次女が6歳、次男が3歳。事件当時3歳だったリンの弟（長男）は10歳となり、地元の小学校に通っているそうだ。事件からすでに7年が経過したが、両親の悲しみはいまだ消えず、リンの思い出が詰まった松戸市の家はそのまま残しているという。

大阪21歳女性刺殺事件

多重人格者の男に
娘の命を奪われた
母もまた乳がんで
この世を去った

事件の涙

私のスマホがブルっと震え、『日影のこえ』のツイッター（現・X）に1通のダイレクトメッセージが届いたのは、2021年1月のことである。

〈はじめまして。2015年7月11日、大阪にて、娘は隅田龍馬《すみだりょうま》によって殺されました。娘の名前は優輝《ゆき》、21歳でした。懲役16年の判決です。懲役だけでは気の済まない感情――〉

送信者は小島和恵《こじまかずえ》（当時60歳）。優輝の母親だった。

〈私は千葉在住なので特定されず、メディアに全く出ておりません。それはそれとして、これまで気持ちを閉じ込めたまま生きてきました。連絡取れたら幸いです。何時でも構いません〉

末尾に記されていた番号に電話をかけると、和恵は思いの丈を打ち明けた。

「もう6年も経っているから今さらって思っていたんですけど、マスコミに対して言いたいことがあるんです。事件発生当時から一切、取材とかないので、言いたいことも言えないのか、みたいなとこもあって。不思議に思って警察に聞いたら、一方的に『マスコミをシャットアウトしておきましたから』と言われました。で、私も気持ちを押し込めるようになっちゃったんですよ」

事情を聞き不思議に感じた。被害者が21歳の女性であることからすれば、マスコミにとってはある意味〝好物〟で、母親をマトにかけぬわけがない。事件は大阪で起き、遺族は千葉に住んでいたとしても、百戦錬磨の記者たちがたどりつけないことなどあるのだろうか。

私の認識がズレていたことは、事件を伝える当時の新聞記事を読むことですぐにわる。司法の問題点がネックになり取材は制限されていたのである。言うなれば、司法の犠牲となり、母は真実を届けられずにいた。

私には6つの人格がある。犯行時は優輝と交際中に形成されていった人格「恭（きょう）」だ。「恭」と優輝は「別れるときは互いを殺し合う」と約束をしていた。だから、女性から別れ話を切り出された「恭」はこの約束に基づいて優輝を殺害した。優輝は襲われながら「恭」に向かって「大好き」「あなたは生きて幸せになって」と話した。

龍馬は逮捕後、明らかに意味不明の供述を繰り返した。自分は多重人格であり、別人格の「恭」が殺害したから「龍馬はやってない」とは、欺瞞以外の何物でもないだろう。が、内容が支離滅裂なぶん、解離性同一症の疑いは十分にあり得る。そして彼の刑事責任能力が問われたとき、マスコミの足は一気に止まる。「心神喪失者の行為は、罰しない。心神耗弱者の行為は、その刑を減軽する」という刑法第39条の規定により、起訴はもちろん、司法上は犯罪者でもなくなるからだ。

〝マルセイ事件〟の可能性があるこの事件を、マスコミ各社は放棄した。マルセイは「○」に精神の「精」と書く、マスコミ用語である。被害者遺族の感情が入り込む余地のない絶対的タブーだ。ために、実名報道が許されないマルセイ事件の疑いが持たれた時点で記者たちはフェードアウトした。かく言う私も、これまでは後退りする側だった。

そんな自分に、ある日、娘を無残に殺され長きにわたりぶつける先のない怒りを溜め込む和恵の悲痛な叫びが届く。そして〈（ユーチューブを）もっと早く知りたかった〉とも記していたように、偶然にも事件のその後を伝える『日影のこえ』を見つけた彼女は、病魔に侵されながらも、私に遺言を託したのだ。

いちばん深い傷は骨まで達していた

２０１５年7月11日夕方、事件は起きた。和恵の娘である小島優輝（事件当時21歳）は、大阪市内のマンションの一室でフリーターの隅田龍馬（同24歳）により殺害された。のちの裁判の証言などによれば、ふたりは２０１４年10月、優輝が龍馬のアルバイト先の飲食店で働きはじめたことで出会う。当時は互いに別々の交際相手がおり、龍馬は歴

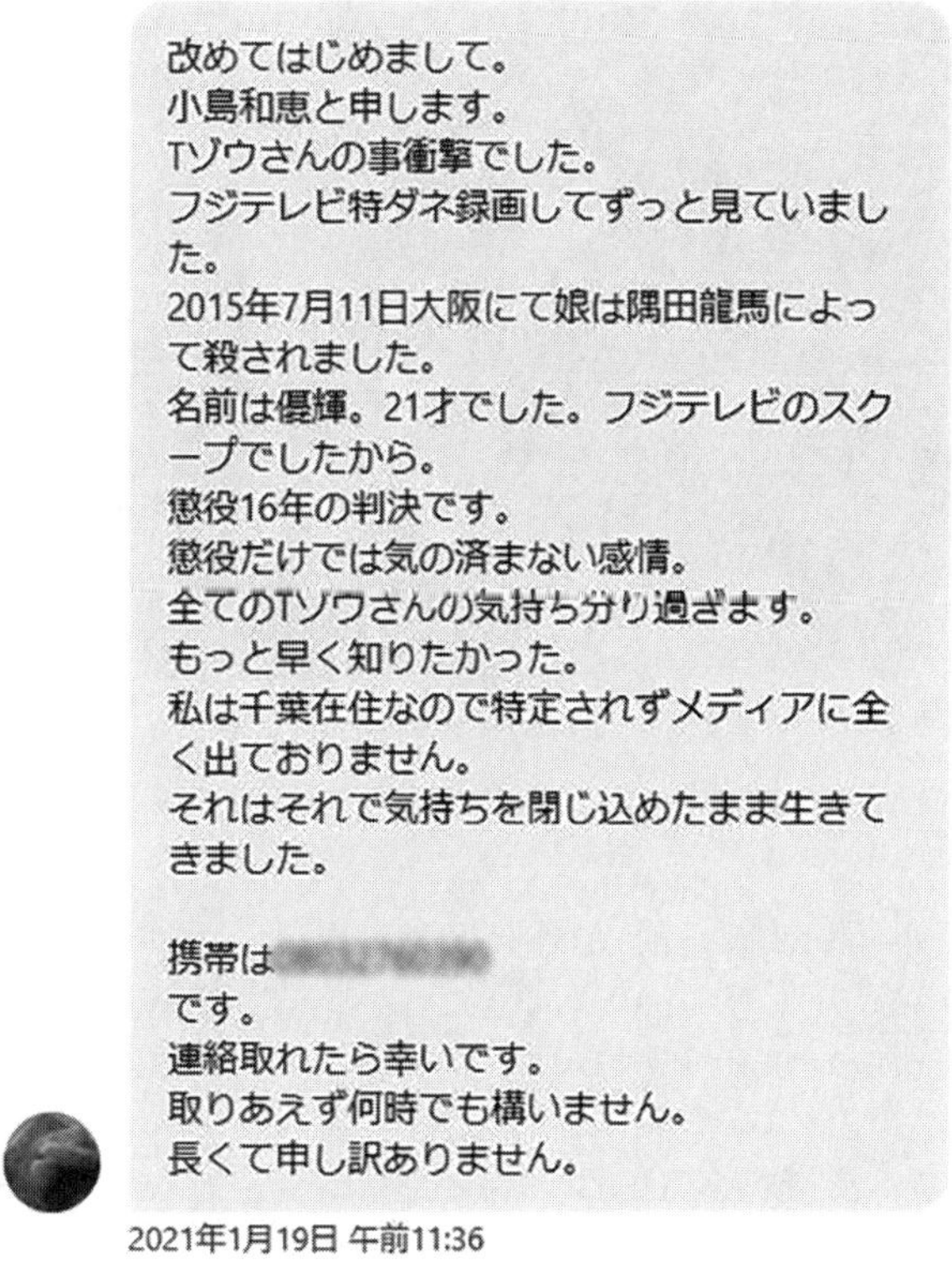
改めてはじめまして。
小島和恵と申します。
Tゾウさんの事衝撃でした。
フジテレビ特ダネ録画してずっと見ていました。
2015年7月11日大阪にて娘は隅田龍馬によって殺されました。
名前は優輝。21才でした。フジテレビのスクープでしたから。
懲役16年の判決です。
懲役だけでは気の済まない感情。
全てのTゾウさんの気持ち分り過ぎます。
もっと早く知りたかった。
私は千葉在住なので特定されずメディアに全く出ておりません。
それはそれで気持ちを閉じ込めたまま生きてきました。

携帯は[redacted]
です。
連絡取れたら幸いです。
取りあえず何時でも構いません。
長くて申し訳ありません。

2021年1月19日 午前11:36

母・和恵から最初に届いたメッセージ

わずか21歳でこの世を去った小島優輝の遺影

5年の彼女と結婚まで約束していた。にもかかわらず、龍馬は優輝に好意を抱き、ふたりは約2ヶ月後に男女の関係となる。
　しばらく婚約者との二股状態を続けていた龍馬だが、2015年5月頃に相手と別れ、殺害現場となったマンションで優輝と同棲を始めた。とはいえ、引っ越してきたのは事件の10日ほど前。同棲期間はごくわずかだった。
　彼がどれほど粘着質な男で、実際にどんな行為がなされていたかはわからない。だが、彼女は周囲にこう漏らすまでに、龍

上／恋人を殺された経験を持つ宇津木泰蔵（左）と話す和恵
下／和恵が見せてくれた優輝のアルバム

上／2、3歳の頃。下／2015年2月、USJにて

馬から行動を制限されていた。

「束縛される。別れるつもり」

〝痴情のもつれ〟が事件のトリガーになったのか。前日から外出していた優輝は帰宅すると、龍馬に別れを切り出した。激昂した龍馬は、怒りに任せて室内にあった包丁で優

輝の首を何度も切りつけたとされている。死因はナイフで頸動脈を切断されたことによる失血死。優輝の人生は21年で幕を閉じた。

２０２１年２月中旬、本書でも取り上げた「中野劇団員殺人事件」（12ページ参照）の関係者で、ユーチューブ『日影のこえ』の協力者でもある宇津木泰蔵と私は、千葉県北部の某駅にいた。真新しく整備された駅前ロータリーには、多くの高校生がたむろしている。黄色い花束を大事そうに抱えていたことで、すぐにバス停のベンチに腰かける彼女を発見することができた。優輝の母・和恵である。

高校3年時

泰蔵に同行してもらったの

は、和恵からリクエストがあったからだ。事前の打ち合わせで彼女は言った。

恋人を殺された泰蔵さんが語るユーチューブを見ました。あの事件が起きたのは、優輝が殺された1ヶ月後のことです。泰蔵さんが言うこと全て胸に落ちました。娘も声優を目指していたので、役者を目指していた泰蔵さんなら気持ちをわかってくれるかもしれないと思いました――。

「だから一緒に行きたいところがあるんです」

和恵が真っ先に私らと一緒に行きたい場所。それは優輝が眠る、駅から15分ほど車で走ったところにある小さな寺だった。彼女の骨壺の前で泰蔵と私は手を合わせ、線香を手向けさせていただく。まだお墓には入れていない。手前には儚い表情で遠くを見つめる優輝の遺影があった。「綺麗な人ですね」と感想を漏らすと、和恵はフフフと微笑む。遺影であれ、娘を見る母の目は限りなく優しい。

寺の一部屋を借りてカメラをセッティングすると、まず和恵は大きなビニール袋を開けて大量の写真やアルバムを見せながら、優輝の人生の軌跡を話してくれた。

「小さい頃から本当に努力をする娘でした。声優になりたいって言われたときは、ビックリもしました。でも、何でも自分の力で切り拓いてきた子だから、もしかしたらその夢も叶えられるかもと思って最終的には賛成することにしたんです」

写真のどれを見ても彼女は、幼い頃から芯の強さを感じるまでに凛としていた。

優輝は1994年2月、小島家の次女として千葉市に生まれた。本を読むのが大好きで、小学校のときには、市の読書感想文のコンクールで最優秀賞を受賞している。地元の高校を卒業後、声優を志して専門学校に入学。演技の経験などなかったが、努力を怠ることなく、すぐに頭角を現した。「声優クラス」でありながら、周囲に「女優のほうが向いている」とまで言わしめ、卒業公演では準主役を射止めている。

専門学校を卒業後は大阪へ。アルバイトをしながら本格的に声優を目指した。優輝の物心がつく前に夫と離婚し、女手一つで子供たちを育て上げてきた和恵は、彼女が実家を離れてからも陰ながら支えた。充実した日々を送っていると信じてやまない母に、警察から「娘さんが事件に巻き込まれました」と電話がかかってきたのは、大阪での生活から約半年後、事件の翌日13時頃のことだ。

「すぐに警察署に行って、事実ですか？ と問い合わせました」

地元の警察による大阪府警への確認や各種報道により、優輝が死亡したことがわかった。が、娘の顔を見るまで信用できない。きっと人違いだ。そうに違いない。和恵は、その足でATMに行ってカネを下ろし、優輝の姉とともに大阪へ向かった。そして、変わり果てた娘との対面。

「死に顔を見たとき、顔だけは傷がなかったので、少しほっとしたんですよね。他の場所はガーゼが巻いてありました」

和恵は声色に悲しみも苦しみも加えず、事件直後の様子を淡々と話した。普通に考えれば、たとえ死後数年が経過していようとも感情を抑えきれないものだ。それはまだ、娘の死を受け入れられていないからなのだろうか。

龍馬の、逮捕直後から続くこの別人格を理由とした意味不明の供述により、娘の無念を晴らすことだけを胸に裁判に挑み続けてきた和恵は、現行の司法が抱える矛盾に押し潰されるようにして自己破壊した——。私がそう理解するに至ったのは、龍馬は解離性同一症で事件当時、心神喪失状態にあったとして、あろうことか裁判でも無罪を主張したからだ。公判中も、龍馬は遺族を嘲笑うかのごとく無慈悲な態度を続けていた。

和恵の話は、私が事前に調べた新聞記事上の無機質な活字とはかけ離れていた。

「(刺創が)骨まで達していたから。いちばん深いのは、骨まで達していましたって」

事件の日、優輝は龍馬が部屋にいないタイミングを見計らい、ペットのハムスターを引き取るために知人男性とマンションを訪れた。知人男性についてきてもらったのは、万が一、龍馬とその場で居合わせ争いになった際に間に入ってもらうためだ。

「別に話があるわけじゃない。荷物を取りに行っただけなんですよ、ハムスターが心配で、それだけ持って帰ればいいだけのことであって、ほんと、なんていうんだろう」(和恵)

部屋に入ると、いないはずの龍馬が隠れていた。知人男性は追い出され、鍵を締められ、部屋には優輝1人が残される。そのまま数十分。一向に優輝が出てこない。ハムスターのケージを抱えて出てくるだけなのに。危機を察知した知人男性は、隣家のベランダから龍馬宅のベランダへと移り、窓を割り部屋へと入る。

室内には、すでにメッタ刺しにされた彼女が倒れていた。なぜ龍馬は部屋にいたのか。しかも隠れていたのか。話は当初、報じられていた〝痴情のもつれ〟とは明らかに食い違う。ハムスターをあきらめて龍馬に近づきさえしなければ、優輝は殺害されることはなかったのだ。優輝は龍馬がペットの世話など一切しないことを知っていた。知人男性に同行してもらったように、彼の危険性はわかっていたが、庇護意識から「ペットだけは」と思い立った。〝家族〟を見捨てることはできなかった。

犯罪が多くの人の人生を狂わせることを伝えて

弁護士は法廷で熱弁をふるった。計画的犯行を否定し、被告・龍馬の刑を軽くするためである。

「1人はシャキッとした人だったけど、もう1人はチャラめの若い人。漫画みたいなノリで罪を軽くしようとする。現場で逮捕されて、冤罪じゃないんだから、そんなこと必要ないよって思ったんですけどね」

口調を変えることなく和恵は言う。裁判で弁護士をも巻き込んで繰り広げられたのは、龍馬には6つの人格があることを前提に、龍馬であっても別人格だから龍馬の犯行ではないとする、壮大な茶番劇だった。

2017年11月2日、大阪地裁において龍馬への判決が言い渡された。懲役16年。法廷には2人の精神科医が立ち、1人は「被告が訴える症状は文献の症状と合致する。内容も具体的で、本や他人の体験談を聞いただけでは到底できない説明をしている」と断言し、もう1人は「面接でも、自ら詐病ではないと発言するなど診断に不満を抱く態度は不自然」と断罪するなど、それぞれ別々の証言をした。そのうえでいくばくか軽い判決になったのは、一部、解離性同一症の影響が認められたからだ。和恵は、判決について次のように述べる。

「現行犯でやった限り、それ以上のものはないんじゃないですか。懲役16年、別に何年でもいいやって感じ。（事件や娘の死を）引きずりたくなかった」

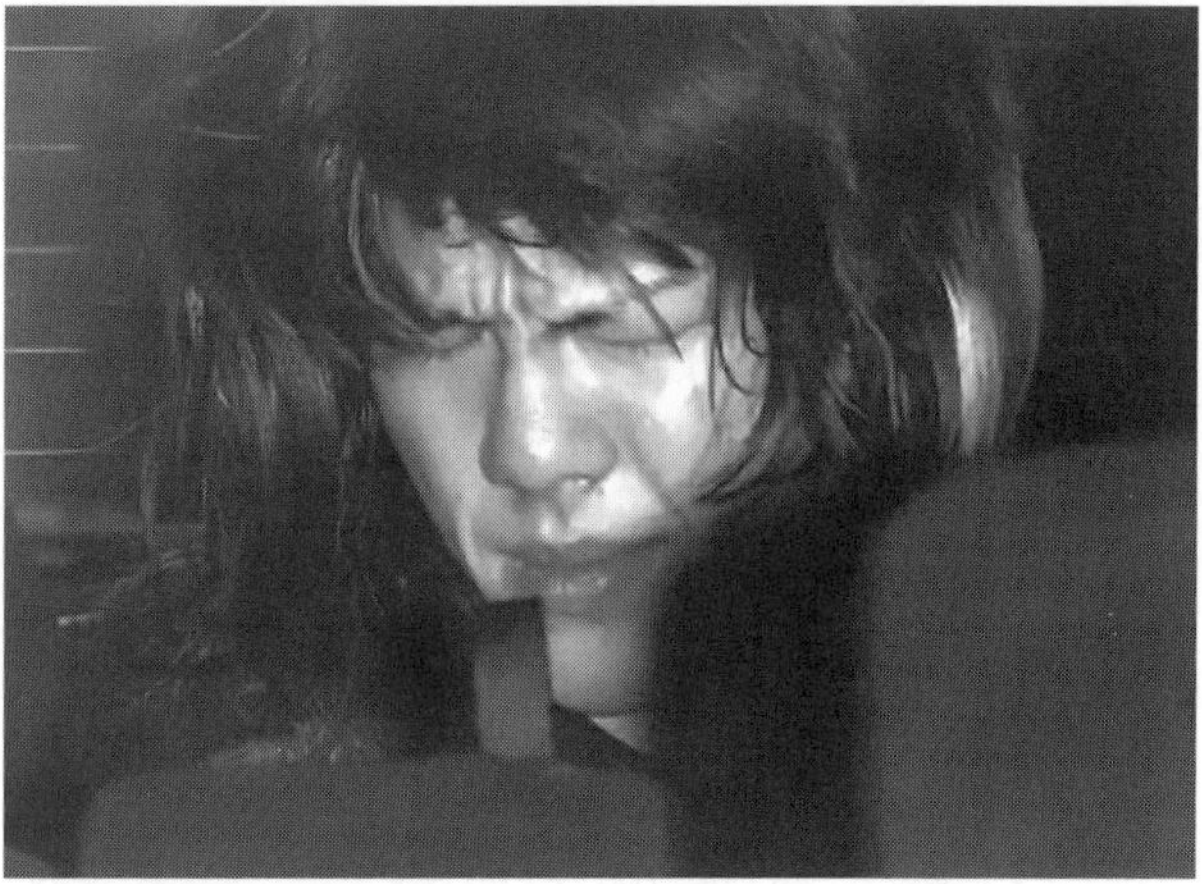

犯人の隅田龍馬。逮捕・連行時

和恵は控訴しなかった。裁判への期待を持てなくなったからなのか、司法の判断を「あえて受け入れた」と言う。

「刑務所で良い子にしてれば、早めに出る可能性があるんですよね。良い子ぶって。一生入っていたほうがいいんじゃないのっていう気持ちです。1人の命を奪ったことに変わりはないじゃないですか。で、刑務所を出て仕事ができるのか。できるわけない。結局、税金で食べていくんですよね。殺人やって、自分が出たら人並みの生活ができる。おかしくないですか、それって」

あきらめに似た愚痴かもしれないが、確かに「なぜ龍馬ではなく殺された娘が司法の犠牲にならなければ――」と口にする和恵の気持ちはよくわかる。そんな彼女の気持ちをいたぶり続けたのは、龍馬やその家族の対応だった。裁判中はもちろん、未だに謝罪や賠償金の支払いは一切無し。「せめて謝ってほしい」と和恵が言うように、一介の取材者である私からしても、あまりに理不尽だ。

龍馬の話になると、和恵はギアが上がったかのように言葉が溢れ出た。静かに話を聞く泰蔵と、息継ぎのタイミングにすら窮する思いでカメラを回す私。同じ思いをした泰蔵が目の前にいるからこそ、ずっと溜め込んできたものを一気に吐き出したのだろう。

クリーニング関係の仕事に就いていた和恵は事件後、娘が殺害されたことを会社に言えなかったそうだ。平静を装いつつ、夜は寝られず疲れが溜まるなか、仕事はきちんとやり遂げていた。が、ある日、店長の無慈悲な判断が下る。

「事件の2ヶ月後にクビですね。仕事中にウルウルしていたら、職場が暗くなると言われました。そして、あなたのいる場所はないわよって」

いまとなっては「職場に理由を伝えていたら」という〝もし〟はない。犯罪被害者に対する社会の認知などほぼ無きに等しい。知るや知らずや和恵も「言っても無駄だ」と信じ込んでいた。

「ガスや水道が止まったこともあります」

仕事すら失った和恵を助ける者は誰もいなかった。和恵は続ける。

「私、生き直さなきゃ。（泰蔵や私に）もうちょっと早く知り合いたかった。もう頑張れないって本当にあきらめちゃってたから。優輝のことだけじゃなく、仕事のこととかも聞いてくれて、本当にありがとうございます」

私らは言葉の意味を理解できずにいた。

「実は私、乳がんに侵されているんです。でも、治療を拒否していたから、もう末期なんです」

なぜ、拒否したのか。もし娘が事件に遭わなければ、優輝が近くにいれば、彼女は治療を受け入れていたのではないか。ただ、これもまた〝もし〟はない。

「動画にして、私の言葉を伝えてください。良いものを作って、犯罪が多くの人の人生を狂わせることを伝えてください」

目に鬼気迫るものを宿らせながら和恵は言った。苦慮していた私にとっては、迷いを断ち切る瞬間でもあった。そして語気を強めて言った。

「任せてください！」

病床に伏した和恵は娘の7回忌に参加することすらできない。事件から丸6年が過ぎた2021年7月、法要は優輝の姉や親族だけで執り行われた。

「左上半身がほぼ動かないんです」

私と泰蔵が電話で和恵に病状を伺うと、がんはリンパと骨に転移するなど最終ステージに達しているという。彼女は声を振り絞りながら続けた。

「優輝との最後は、娘が夜行バスで実家に帰省したときでした。朝方に帰ってきて、私は仕事があったので、あとでゆっくり話そうと思っていた。でも、翌日に用事があった娘は、すぐにトンボ帰りです。だから仕事を休んででも話しておけばよかった。朝、ちゃんと話せばよかった」

和恵は死を意識した病床においても優輝のことを考えていた。

「もし向こうで優輝さんに会ったら、なんて言いますか？」

泰蔵が沈黙を破る。

「かける言葉はないと思いますよ。抱きしめます」

泰蔵も自身の体験と重なって仕方ないようだ。

「自分も死んだらそうすると思います」

やがて、2人はどちらからともなく笑い出した。最愛の人を亡くした者同士ならではの死生観に、私が口を挟む余地などない。体力の限界なのだろう、和恵の声はどんどん沈んでいく。そして「言いたいことがあるんです」と前置きし、こう告げる。

「優輝もね、泰蔵さんの背中を押してくれていますよ。もしかして優輝と泰蔵さんの彼女、向こうでふたり、仲良しになっているかもしれない」

「そうですね、きっとそうですね」

「お芝居の話をしているんじゃないですか」

「そんな気がします」

役者の卵だった恋人を殺された泰蔵はこのとき、彼女の夢を背負い再び役者の道に戻ることを決意していた。和恵は、生きることを選んだ彼にエールを送った。

「ふたりで泰蔵さんの背中を押していると思います。頑張ってください」

犯人と面識があった姉の予感

2021年8月15日、動画を公開。その3日後、和恵から1通の手紙が届いた。遺書。弱々しい文字で綴られた、優輝が生きた証である。

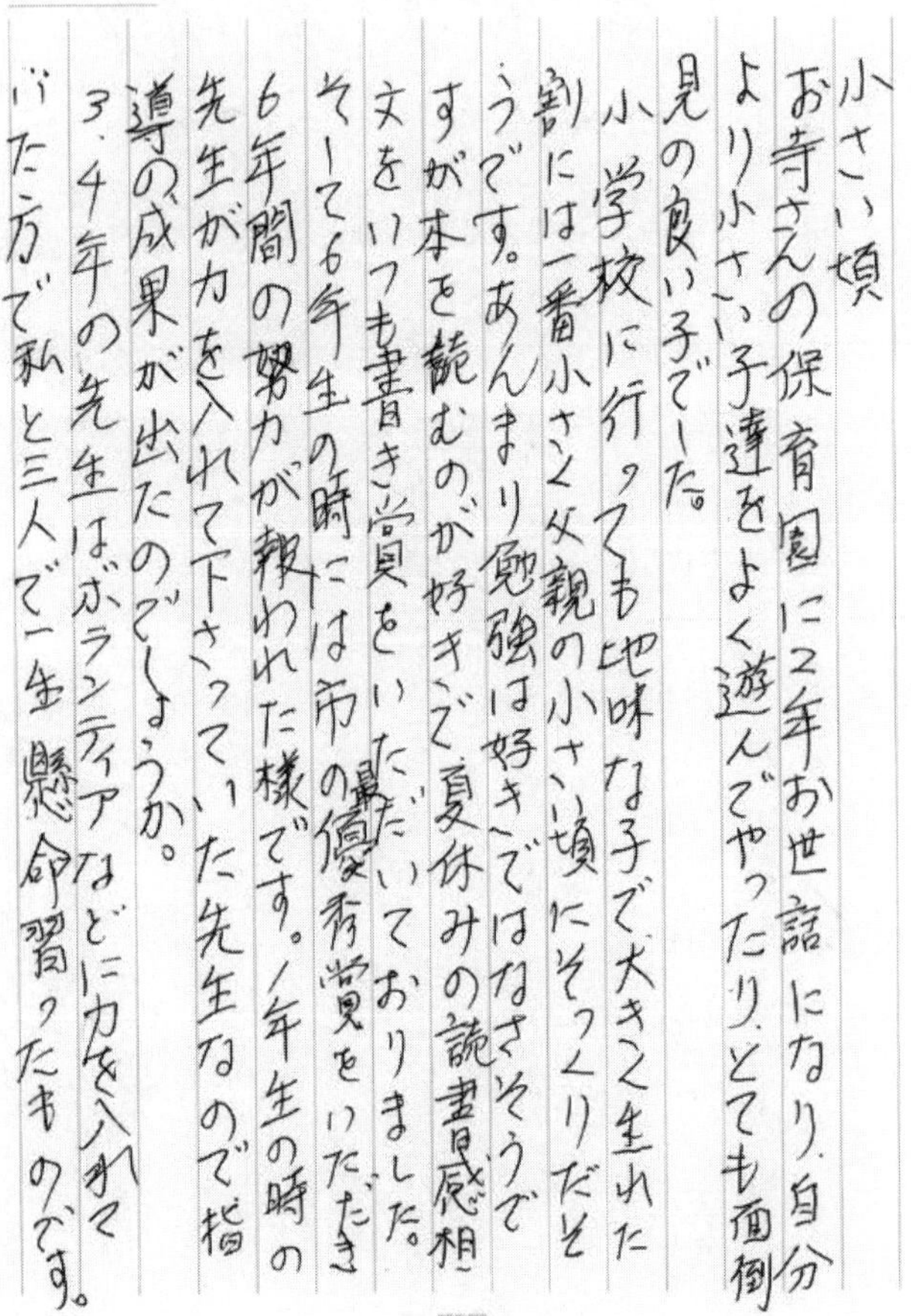
小さい頃
お寺さんの保育園に2年お世話になり、自分
より小さい子達をよく遊んでやったり、とても面倒
見の良い子でした。
小学校に行っても地味な子で大きく生れた
割には一番小さく父親の小さい頃にそっくりだそ
うです。あんまり勉強は好きではなさそうで
すが本を読むのが好きで、夏休みの読書感想
文をいつも書き賞をいただいておりました。
そして6年生の時には市の最優秀賞をいただき
6年間の努力が報われた様です。1年生の時の
先生が力を入れて下さっていた先生なので指
導の成果が出たのでしょうか。
3、4年の先生はボランティアなどに力を入れて
いた方で私と三人で一生懸命習ったものです。

死の1ヶ月前、和恵から届いた手紙。優輝との思い出が便箋5枚に綴られていた

中学・高校時代

中学はごく平凡で普通に中学生活を楽しんでいた様ですが、迂曲折沢山有った様です。二人とも家庭科クラブに興味を持ち調理、やキルトを身に付けていました。

高校入試に当り、少しあぶないなと選択技はないなとスレスレの線で入った学校も、電車乗らない所と指定した。案の定良く途中まで忘れものを届けに行った。そういうドジな子だった。いつもコツコツとマイペースで勉強していた子だった。何をそんなに頑張っているのと思った位一人で力を付けていった。部活は一年生で美術部。あと3年は軟軽音楽を楽しんでいた。よくイラスト等楽しんでいた。ある日パソコンを習いたいと言い時間やお金はと聞くと高校の案内で無料で学べると。足は？

〈乱筆・乱文失礼いたしますが一行ずつでも書きとめておきたいと思います。生まれた日。その時、優輝は父の手の上だった。『おーい、医者はまだか』。産声さえ聞こえたか定かではない。３６００グラムの大きさだったが、他の娘より小さい。小学校に行っても地味な子で、大きく生まれた割には一番小さく、父親の小さなころにそっくりだそうです。

あんまり勉強は好きではなさそうですが、本を読むのが好きで、６年生の時には、市の最優秀賞をいただき、６年間の努力が報われたようです。中学は家庭科クラブに興味を持ち、調理やキルトを身につけていました。高校ではよく途中まで忘れ物を届けに行った。そういうドジな子だった。いつもコツコツとマイペースで勉強をしていた子だった。何をそんなに頑張っているのと思うくらい、一人で力をつけていった。

二期の生徒会、皆勤賞の三年間頑張ったご褒美に、進学を許した。声優さんの学校へ行くと言い出したら、反対したくても頑張れるならと許さざるを得なかった。そこで強く反対していたらと思うと…。しかし、しっかりした学校で、短大資格も取れたので許すことにした。でもお金は倍かかった。老後の資金を使い果たし、これからという時だった〉

読み進むにつれ筆圧は弱くなっていき、遺書は唐突に終わった。

それから1ヶ月後の9月18日、見覚えのない番号から1通のショートメールが届く。

〈母が先ほど亡くなりました。生前お世話になりました〉

優輝の姉からだ。覚悟はしていたが、実際にその日が来ると胸がふさぐ。

私と泰蔵は、11月3日に開かれた和恵の法要に参加させていただいた。優輝の遺骨が眠る納骨壇に寄り添うようにして、和恵の遺骨が置かれている。迎えてくれたのは、優輝そっくりの笑顔が印象的な女性。優輝の姉である。

およそ1時間の法要後、お寺近くの公園で、少しだけ時間をもらう。姉は取材の意図を告げる私に、少し迷った表情で「母の思いは理解できる。そして意義も理解できる。でも自分は語ろうと思ったことはなかった」とだけ告げた。人生の終わりが見えた遺族と、これからも生きていかなければいけない遺族。捉え方が違ってくるのは当然のことだろう。が、取材者のエゴから「お母さまから手紙をいただきました。そこには、優輝さんが生きた証が綴られていました。よかったら動画に使ってほしいと言われています。私はその願いに応えたいと思っています」と持論を述べると、母の意思を引き継ぐことが「母の供養になるのなら」と、顔や名前を伏せることを条件に取材に応じることに同意してくれた。以下、その一問一答である。

「お母さんはどんな方でした？」

「どんなだったかなー。正直、小さい頃からずっと片親だったので、うまく距離を取れていない関係だったんですよ、何でも溜め込んじゃう性格でしたね。あと、外面がいい。ふふふ」

「お母さんの最期は？」

「ほぼ左肩が骨折してる状態で、動かなくて。リンパも悪いですから、左半身がほぼ動かない状態でした」

「遺影のお写真はいつ頃のものですか？」

「これは私が七五三のときのなんで、20年くらい前なんですけど、変わらない。結構私のお気に入りで選んじゃったので、お母さん、納得いってないかもしれないですけど」

姉は事件の日、犯行の30分前まで優輝とＬＩＮＥをしていたという。普段からレスポンスが速い妹のこと、返信が途絶えて、不審に思っていたそうだ。

「たまたま、私も家にいてお母さんも家にいて、お母さんに大阪の警察からこういう連絡が入ったんだけどって言われて、私が、最近は変な詐欺とかあるから地元の警察行って確認してきてって。私は優輝に何回も連絡して、電話しても出なくて。今は調べたら一発で出てくるじゃないですか、ニュースの速報が。名前はわからないけど、何歳の女性が意識不明の重体。調べて、もしかしたら、これなのかなって」

「最終的にはお母さんから連絡が来たんですか？」

「家に帰ってきて、母に確認したら、そうだったから、今すぐにって大阪に行きました。で、顔確認して、優輝だねって」

姉には予感があった。

「実は犯人と面識があるんですよ、私。優輝と私とその犯人と、犯人のもともとの彼女の婚約者との、4人で遊んだこととかもあって。優輝は犯人と大阪の飲食店で一緒に働いてて、そこにも私、行ったことあるんですよね。だから、仕事の顔も知ってるし、プライベートの顔も知っているということになりますね」

姉と龍馬が知り合いだったとは想像もしなかった。女性を何度も切り付け、殺害し、6つの人格があると無罪を主張した龍馬は、いったいどんな男だったのか。

「嫌な言い方しかできないかもですけど、女々しい雰囲気というか、物腰は柔らかめな感じで。思い出すとイライラしてきちゃいます。私の認識では、妹と犯人は、付き合ってはないなって思ってたんですけど。事件後は、やっぱりなって気持ちがちょっとありました。会ったときに、良いイメージがなかったから。もしかしたら、なんかやらかすかもなって」

和恵の法要のあと、取材に応じてくれた姉。
彼女が手にしているのが母の遺影写真

事件前の優輝とのＬＩＮＥでも、龍馬について話していたという。

「１週間以内に大阪に行く予定があったんで、龍馬の話も優輝に直接しようと思ってたんですよ。どういう関係なの？　って。めんまり良い雰囲気に見えないって」

さぞや無念だったに違いない。ために、姉は全ての裁判を傍聴した。

「全部、お仕事お休みして参加しました。悲しみよりは怒りのほうが強かったですね。仕事で見た顔と、プライベートで見た顔と、裁判所で見た顔は、別のものだなっていう感覚はありました。作ってるかもしれないですけど。懲役16年って短いですよね、正直。自分が見てたなかのことですけど、刑期にしろ、被害者側の補償にしろ、状況をわかってるのに、あ、そうですかみたいな扱いじゃないですか。全然先進国じゃないですよね」

淡々と話す姉。が、話が優輝に及ぶと、途端に感情を露わにする。

「年子の姉妹は仲良さそうですね」

「優輝が大阪に行ってからは、お誕生日にユニバ（ＵＳＪ）に一緒に行ったりお酒も飲んだり、仕事の悩みも聞いてもらってたし、恋バナもしたてし」

妹の思い出を語るにつれ、姉の目から大粒の涙がこぼれた。

「ふとしたときに出てくるんですよね。いままで一緒に遊びに行ってたところとかにもう一度行きたいなと思っても、もういないから行けないいやと泣いてばかりです」

突貫で仕上げた全4本の動画は、累計50万再生を超えた。和恵も姉も視聴済み。和恵の最期までに公開に漕ぎ着けたことはせめてもの救いだったように思う。

「私自身（法廷での人格）が殺していない証を、心神耗弱として残していただければ（遺族が望む）無期懲役でも構いません」

一審の最終意見陳述で話した龍馬の主張にはどんな思惑があったのか。犯人が彼でないのなら、優輝を殺したのは誰なのか。

下されたのは龍馬の多重人格を認める判決だ。が、被告弁護側は、それを不服として控訴する。望みどおりの結果になったにも拘らず控訴したのは、無罪を勝ち取れなかった焦りか、あるいは遺族が望む無期懲役にならなかったことを不服としてのことなのか。私には、それが詭弁《きべん》で、さらなる減刑を狙ったと思わざるをえない。弁護側だけが控訴して、一審より重い刑が言い渡されることなど皆無に等しいからだ。

裁判は高裁まで、もつれた。結果は遺族にとって、また龍馬にとっても強い皮肉であったに違いない。２０１８年5月25日、裁判長は控訴を棄却、一審の判決を支持し懲役16年を言い渡した。

※ユーチューブに公開した動画では、和恵さんの意思に従い顔を非公開としていましたが、遺族の「和恵さんの思いを遺したい」という意向に沿い、顔を公開し掲載します。

前橋高齢者強盗殺人事件

生きるために2人を殺《あや》め
現金7千円とリンゴを盗んだ
土屋和也死刑囚と
自分のために
我が子を捨てた母との
いびつな絆

事件の涙

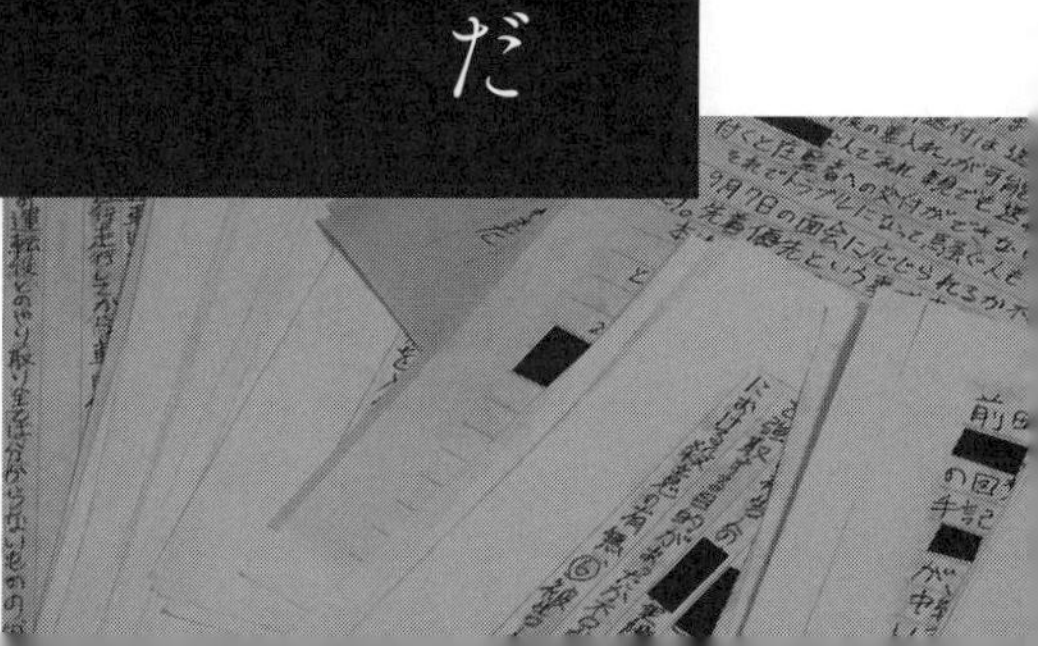

はよ、判決言えや。死刑だろうが!!


被告である自分は、あの日証言台の席でややうなだれていた。

(裁判長)「これより判決を言い渡す。被告人前へ」

それを聞いて証言台へ移動する。

「はよ、判決言えや。死刑だろうが!!」

そう心の中で叫んでいた。

(裁判長)「主文は後に回して罪となるべき事実、理由から先に述べる」

後方、傍聴席の記者がバタバタと急いで法廷内から外に出ていった。

「はい正解、予想どおり」

判決文を読み進める裁判長。それから一息吐いてこう言った。

(裁判長)「被告人起立しなさい。主文を言い渡します」

「下手なドラマでもこんな演出しねぇぞ」

(裁判長)「主文。被告人を死刑に処する」

「はいはい、茶番、茶番。はじめから死刑って言えや。後からペタペタと理由を補完す

る様な文体にすんな」（一部要約、土屋和也死刑囚の手記より）

これは、2014年11月から12月にかけ2人を殺害したとして死刑判決を下された土屋《つちや》和也《かずや》（当時26歳）の述懐である。発言者が明記されていない箇所は彼の、当時の心情だ。和也は当初の手記ではこう息巻いたが、のちに彼が綴った手記と照らし合わせると、それが咄嗟に出た〝空いばり〟だとわかる。自分は根っからのシリアルキラー（連続殺人犯）じゃない。悪いのは母親をはじめ、世間だ。そんなやりきれない思いが感じ取れるのだ。

自分にとっての転機は、良くも悪くも4歳から15歳まで過ごした児童福祉施設です。それが一番影響が大きい。年を重ねる度、自分に対しての自信、期待、夢が薄れていきました。俺。虚勢だった。体調は普通…時々、昔の仕打ちや行動を思い返しては悔やんだり、頭に来たり、非のない人などに八つ当たりしたことを反省しています。人生やり直したいけど、またあんな思いをするのは……。

群馬県前橋市。どの地方都市にもある長閑な住宅街で事件は起こった。2014年11

殺害された女性宅を調べる群馬県警の捜査員（2014年11月）

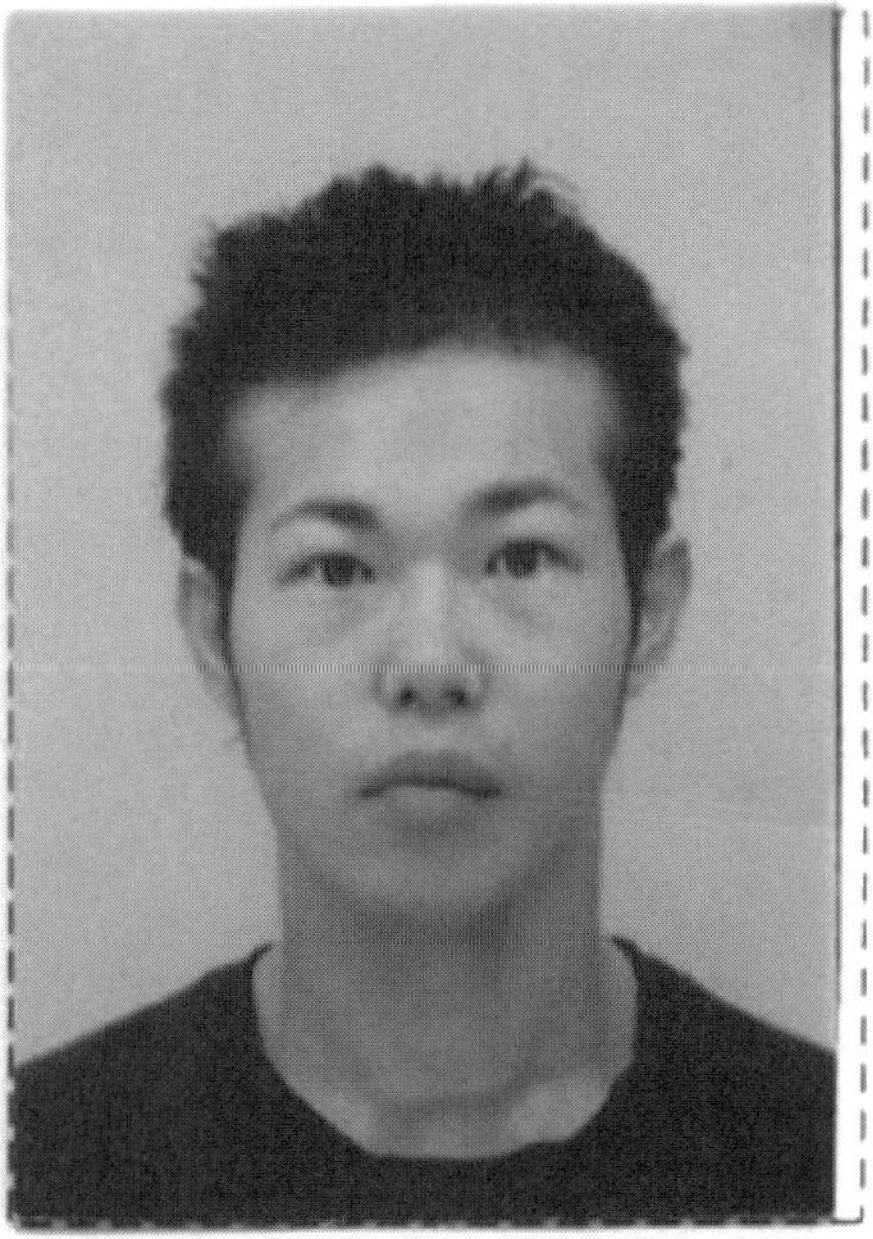

土屋和也。生活保護を受けていた20代前半、
就職すべく履歴書に貼った写真。
現在は遥かに老けこみ頭部も薄くなっている

月10日午前3時頃、和也は当時93歳の女性宅に侵入し、女性をバールで殴り包丁で刺して殺害。現金約7千円を奪う。1ヶ月後の12月16日午前3時半頃にも女性宅から約700メートル離れた81歳の男性宅に侵入し、午前11時50分頃、包丁で男性の首や左脇を刺して殺害。トイレから出てきた80歳の妻も切りつけて重傷を負わせた。8時間以上この家に潜んだあと、夫婦を襲ったのだ。盗んだのはリンゴ2個だけだった。

逮捕の決め手は、現場に残されたリンゴだった。男性宅への侵入口になったとみられる、割られた出窓がある部屋に、芯の部分まで食べ切ったり、かじったりした状態のリンゴが複数残されていたのだ。

付近の防犯カメラには事件後、和也とよく似た男が映り、現場に残されたリンゴに付着したDNA型と、彼の型とが一致した。俗に「前橋高齢者強盗殺人事件」と呼ばれる本事件は、カネ目当ての強盗殺人と報じられたが、その犯行目的と残忍な犯行の整合性が取れず、物証となるリンゴをわざわざ血まみれの現場に残したことも含めて、不可解な点の多い事件とされた。

和也の自宅を捜索すると、室内はカップ麺やペットボトルなどのゴミで散らかり、電気は止められ、生活が苦しかった様子が垣間見られたという。

警察での取り調べに対して「家に入ったら人がいたので、刺した」「借金があり生活に困っていた」などと供述した和也は、高齢者2人を強盗目的で殺害し、1人に重傷を負わせたとして一審で死刑判決を受ける。続く二審でも控訴は棄却。最高裁に上告するも判決は覆らず2020年9月8日、死刑が確定した。

私は一審での死刑判決直後の2016年8月から取材を始め、和也との面会を重ねた。きっかけは後先考えない和也の犯行と、異常なまでに多かった同情の声にあった。分別のある成人男性が起こした事件にしてはあまりにも短絡的すぎる。なにしろ人を2人も殺して得たものが現金約7千円とリンゴ2個だけなのだ。

殺人犯に同情の眼差しが向けられる裁判

和也の存在を初めて知ったのは、2014年11月と12月、前橋市内で起きた2件の強盗殺人事件の容疑者として和也が逮捕されたことを報じる、新聞の片隅に載っていたベタ記事だと記憶している。そこには、逮捕事実が淡々と記されていたほか、近隣住民の「大人しい印象だった」「逮捕されてほっとした」という声が載せられていたが、事件の背景を感じさせる記述は皆無。被害者人数からして死刑判決を予感させるが、まだこの段階ではさして気には留めていなかった。

殺人に至るような凶悪事件など、各地で毎月のように発生している。事件記者なら誰しもそうだと思うが、同じ殺人事件でも、殺された人数の多さや容姿端麗な女性が被害者などの話題性がありそうなものに飛びつくものだ。

逮捕の数日後には、現場検証に同行する和也やゴミ屋敷と化していた自宅アパートの映像がテレビで流されはじめたが、いちいち深掘りなどしていられない。26歳の屈強な男が、金品を得るため高齢者を殺害するなどよくあることだ。盗んだものはわずかな現金とリンゴだけだが、おそらく金目の物が他になかったのだろう。なんと太々《ふてぶて》しい奴だ。

ところが、こともあろうに和也には、逮捕から1年半経った2016年7月に裁判員裁判で行われた前橋地裁での一審の死刑判決後に同情の声ばかりが集まった。和也の死刑判決を伝える新聞記事で、裁判員が「社会のセーフティネットがあれば違った人生を送っていたはずだ」と語り、現場の捜査員が彼の生い立ちを知り「彼も被害者」と匿名でコメントを寄せる。通常とは真逆の反応が自然、事件の特異性を物語っていたのだ。

私自身、過去に死刑判決が下された裁判を何回も傍聴したことがあるが、経験からして法廷に漂うのは明らかに被告として立たされる殺人犯に向けられる敵意だ。裁判員にしても、自分が社会の代表として死刑判決を下すことに酔ってしまっているとしか思えない高揚感に支配されている者ばかり。少なくとも、遺族も立ち会う法廷で、これほどまでに殺人犯に同情の眼差しが向けられる裁判を、私は知らなかった。

記事を何度も読み返し、そして思った。和也の半生とは――。

すぐに国会図書館に行き、事件発生からこれまでの和也にまつわる記事を調べた。が、裁判の経過を報じるものばかりで、彼の半生に向き合う記事はなかった。

このままでは和也の人生が埋もれてしまう。判例からすれば、2件の強盗殺人を犯し、被疑者がその事実を認めているため、この先、高裁・最高裁で減刑される可能性がほぼなく、その場合、マスコミが取材を打ち切ることも知っていたのだ。

とりあえず和也に会ってみたいと思い、居場所不明のまま、東京拘置所に移送されているはずと予想し、手紙を書いた。事件や判決で感じたこと、そして何か必要なものはないかなどの旨を便箋3枚ほどに手書きし、返信を待った。

しかし、結論からすれば、和也から返信を受け取るまで半年を要した。ただし、経験からこんなことは珍しいことでもなんでもなかった。死刑判決を受けた立場の人間からしたら、大マスコミに属しているわけでもなく、名のあるジャーナリストでもない私と交流を持つメリットなどないからだ。

たとえ刑事施設に収容されている人物から手紙が返ってこなかったとしても私は、何度かは送るようにしている。最初は無反応でも二度目、三度目で返信があることは少なくない。だから和也に対しても1ヶ月空けて2通目を送り、次は2ヶ月空けてまた送ることを繰り返した。彼が気まぐれで返信をくれることを待っていた。

自宅のポストに筆ペンでしっかりと記名された茶封筒が届いたのは、年を跨いだ2017年4月のことである。死刑判決が下されてから9ヶ月が経っていた。

手紙を手に「ついに根負けしたのか…」と淡い期待を抱きつつ開封した。三つ折りされた1枚の便箋にはこう書かれていた。

（事件に至った経緯など）言いたいことはありますが、生来の口べたな自分には少しばかり難しいです。思い考えているものを内に抱えていても話せない人もいます。また、それらを他人に伝えられてもその人が耳を傾けて聴こうとしない、もしくはその言葉に対して正しく理解や共感、納得しなければ聞き流しているだけでムダに終わります。

手紙うんぬんは発信者の判断でそれに返信するもしないも受信者の勝手だと思います。つまり手紙を寄こすのはイイけど、あまり多く送られても困るのは読む自分とココ（東京拘置所）でそれなどを点検する職員（刑務官）です。

気まぐれでも、根負けしたわけでもなかった。明らかな拒絶だ。行間には「迷惑だ。もう送ってくるな」と書かれている。しかし同時に、この短い1枚の便箋には和也が事件を起こすまで生きていた社会での孤独を投影しているような気がしてならなかった。

それは、このあとの取材で確信を得るのだが、口下手な和也と腰を据え、彼の言葉に耳を傾ける者は塀の外で生きた26年間、おそらく誰ひとりとしていなかったのだ。事実、最初の理解者になるべきはずの親ですらそうじゃなかった。和也自身も理解者を求めていた時期があったはずだ、特に母親に対しては。が、どれだけ追い求めても叶わず、便箋に「他人に伝えられてもその人が耳を傾けて聴こうとしない、もしくはその言葉に対して正しく理解や共感、納得しなければ聞き流しているだけでムダに終わります」と書かれていたように、いつしか自分を押し殺し、あきらめに似た愚痴をこぼすだけに終始してしまっていたのだろう。

被害者の冥福は毎日祈っています

取材者のエゴかもしれないが、そんな和也のジメッとした胸の内を覗いてみたい、そして最初の理解者になりたいと思ったんだからしょうがない。私は手紙の礼を言い訳に、和也の〝拒絶〟に気づかぬフリをして、和也が収監されている東京・小菅の東京拘置所まで直接会いに行った。２０１７年6月のことである。

面会を受けるか否かは和也自身が決められる。会える可能性はかなり低いと思っていた。拒絶の手紙を受け取った直後だからだ。が、和也は予想に反して面会を受け入れた。なぜ私と会う気になったのか。おそらく断れない性格なのだろう。

東京拘置所の面会室。刑務官に連れられ黒いVネックのTシャツで現れた和也は、アクリル板越しに向かい合っても、ほとんど声を発することがなかった。

「何度も手紙を送ってしまい申し訳ありません」

「いいえ……」

「最近暑くなってきましたけども体調はいかがですか？」

「はあ……」

一方的に問いかける私と、消え入りそうな声と小さな素振りで反応するだけの和也。4畳半ほどの部屋が、どんよりとした空気に包まれる。

会話のメモを取る刑務官のペンが動くことがほとんどないまま15分の面会時間は終わった。しかし、部屋を退出する直前に咄嗟に口から出た「また、会いにきてもいいですか？」の問いには、なぜか明確に答えてくれた。

「あっ、はい」

この会話を最後に、私は数百円の菓子を何個か土屋和也に差し入れて東京拘置所を後にした。しばらく通ってみよう。私はそのとき心に決めた。

2度目の面会で和也に小さな変化が生じた。

「先日は差し入れありがとうございました」

「お口に合いましたか？　気に入っていただけたらまた同じものを入れますよ」

「ありがたいですが、悪いので大丈夫です。生活があるでしょうから」

まだ2度目なのに、和也のほうから話しかけてきたのだ。さらにカネを渡さないと話すことすらしない、ひたすら差し入れを要求してくる者がほとんどのなか、こちらの生活を気遣った言葉を受け取るなど、初めての経験である。ますます和也の半生を知りたいと思うようになった。

「私は土屋さんの半生を社会に残したいと思っています…」

「はぁ……」

差し入れに対する礼は述べるものの、それ以外の会話は成立しなかった。まだ和也から信頼は得ていない。

事態が大きく動いたのは、初対面から半年後、特に深い考えもなく軽い気持ちでこんな質問をしたときである。

「母親とは連絡を取り合ってるんですか？」

「全然していない。手紙を書いても返ってこないから」

いつもは頭をかきながらゴニョゴニョと返答する和也だが、そのときだけは強い口調で言った。目には怒りが帯びている。

「会いたいとかは？」

「全く思わない」

「じゃあ誰か会いたい人は？」

「お姉ちゃん……」

「連絡は？」

「どこに住んでいるかわからないし、（障害を持っているから）ひとりでは来れないと思う」

「お姉さんと連絡がつくようになったら連れてきてあげましょうか？」

「ありがとうございます」

和也からの、初めての明確な意思表示だった。質問を続けた。

「もし違う家庭に生まれていたら、ここにいなかったと思うことは？」

「自分がいちばん悪いですから。同じような家庭で生まれてもしっかりと生きている人はいます」

「そういう人たちと自分の違いはどこだと？」

「自分には無理でした……」

「半生の回顧録のようなものを書いてみませんか？　もしかしたら土屋さん以外にも事件を起こした要因はどこかにあるかもしれない。罪が変わることはないけれど、社会に、ひとりの死刑判決を受けた者が半生を残すことで何か良い方向に変わることもあるかもしれないと思うんです」

「はあ……」

明確な答えはなかった。だが私は、和也は書くと半ば確信した。これまで付き合ってきたなかで、和也は社会に対する不満や怒りを持ち合わせていると感じていたからである。

面会を終えた数日後、和也から手記についての葛藤を記した手紙が届く。

（回顧録を）確かに発表したいですが自分の語イの少なさと表現力、どこまで記憶通りにかけるかなど不安と課題などを感じています。また世に問うべきという意見には賛成ですが、犯罪者などからの意見や訴えに耳を貸さないのが世間だと考えています。

再び東京拘置所に出向いて和也を諭すように告げた。

「時間がかかってもいいから少しずつでも書いてみませんか？　もしひとりでも考える人がいたら、それは意味のあることだと思うんです」

「……はい」

東京高裁で行われた二審でも死刑判決が下され、「先日の判決は想定内でしたので驚いていません」と和也が語ったこの時期、私は和也とトコトンまで付き合う覚悟を決めていた。それは、決して和也を通じて社会への問いかけをしたいという責任感などではなく、なぜ目の前にいる温厚で礼儀正しい和也が事件を犯してしまったのか、全体像が見えぬまま断片的に彼の半生を聞いても、聞くだにわからなくなっていたからだ。

ともかく、その後も毎月、東京拘置所を尋ねては、手記を完成させるため半生を聞き取る作業を行い、同時に手記の執筆を促した。それは犯行についてはもちろん、和也からの手紙を無視し続ける母親や、障害を持った姉たちとのいびつな関係を振り返る作業でもあるわけで、確かに和也にとっては苦痛な作業だったに違いない。それでも手記は、少しずつだが動き出した。

半生を聞き取る作業は、強盗殺人に至るまでの動機を振り返ることから始めた。事件発生当時、和也は携帯ゲームにハマり借金を抱えていた。それが強盗を決意させる引き金だったと裁判では認定されている。

「何のゲームを？」

「覚えていないんです、本当に」

また和也は、強盗目的で侵入した高齢者宅に朝まで居座り、起きてきた被害者と顔を合わせてしまったことから殺害している。

「なぜ家をすぐに出ていかなかったんですか？」

「事件のときの記憶がないんです。思い出そうとしても思い出せない。何を考えていたのか……」

事件の詳細は一切語らなかった。だが、「覚えていない」という言葉を嘘だとは思っていない。事実、和也は被害者への謝罪の言葉を述べていたからだ。

「被害者の冥福は毎日祈っています。ただ何ができるのかわからない。死刑判決を求める気持ちはわかります」

被害者遺族からすれば、情状酌量を求めるが故の、殺人犯による戯言《ざれごと》に過ぎないかもしれない。だが、確かに和也には被害者への謝罪の気持ちがあった。和也は父親が残した200万円の遺産を被害者遺族に支払おうとした。和也が、逮捕されるまでその死を知らなかった実の父親が残したカネだ。が、その猛烈な処罰感情からか、遺族がそれを受け取ることはなかった。遺族から「謝罪の手紙も要らない」と法廷で言われたことで、和也は謝罪文を送ることもなく、その200万円を福祉団体に贖罪寄付するに留めた。

手記に綴られていたのは母との楽しい思い出ばかり

自分の小さい頃の話は伝えたいと思っていますが、それをまとめて整理する時間をください。ほとんどろくな人生ではないですが、聞いてもムナクソ悪くなる話ばかりです。

方向転換して和也に生い立ちを整理することを勧めたのは、事件当時の記憶がほとんどなかったからである。事件のこととは一転して明確な記憶が残っていたが、その多くはつらい記憶。犯した罪に弁解の余地はないが、確かに和也には「またあんな思いをす

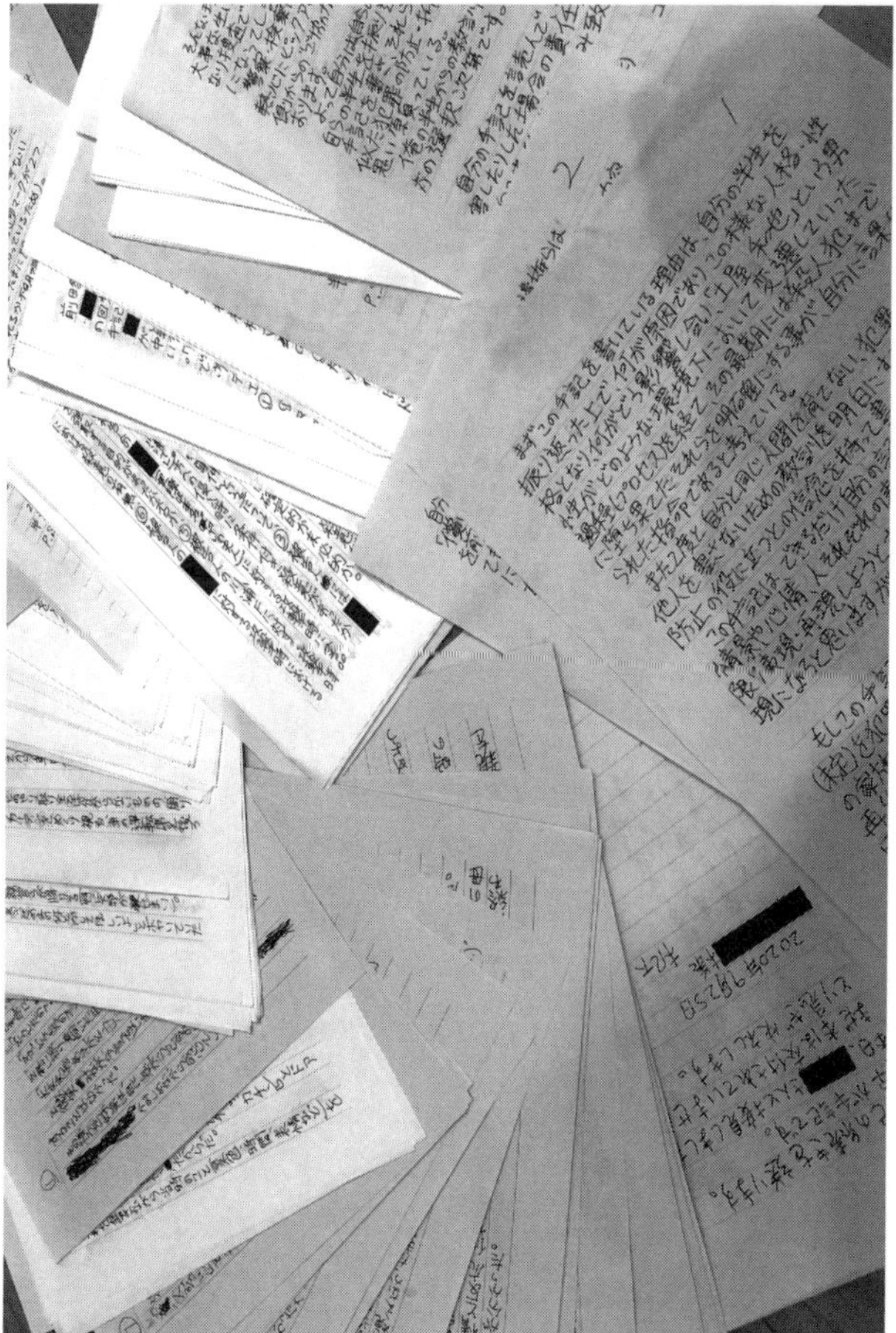

和也から届いた160枚に及ぶ手記

るのは…」と、生きることを躊躇するほど安息の地がなかった。

深い反省には至っていない。自分の事件を母親のせい、その生い立ちのせいにしているフシもある――。和也と面会を重ねた印象はこうしたものだった。彼は自分でも口にするように、両親への憎悪をずっと持って生きていた。東京拘置所で語った言葉だ。

「母親を責める気はない。でも、みんな等しく悪い。俺がいちばん悪いけど、母親も父親も。もっと親に対して言いたいことはあるけど、言いたくない」

反面、母親に対し特別な愛情も持っていた。以下、幼少期に家族3人で遊園地に遊びに行ったときの手記の記述である。


お菓子かアイスを買ってもらい近くの人工池の囲いに腰をかけて座り、姉弟並んで食べていた。そのお菓子に、夢中になっている子供の姿を思い出に残そうと、母はインスタントカメラを手に写真を撮った。

「みーちゃーん（姉）、カズー（和也）」と母が呼んだ。

「ん？」と思って声の方を向いたらパチリとフラッシュと音がした。

カメラを片手にいたずらが成功したようにはしゃぐ母。

母のしてやったりな顔が「ニシシ」。

まぶたの裏に浮かんでは薄れていく。

後輪側にまず姉が座らされ、その次にボクが前輪側に座った。うろ覚えだが「まえ！まえ！」とごねた自分が当時居たのかもしれない。

幼稚園の帰り、母親が2人の子供を乗せての自転車の操作に慣れておらず転倒し、和也が頭を打った際に自分を気遣ってくれた思い出だ。

あっちを向けられ、今度そっちを向けられて、せかせかと動き回る母。決して首をコマの様に回された訳ではないが、自分でも確かめたので困った反面、その母の想いが嬉しく感じてボクは目を伏せたんだった。

手記で綴られたのは、母親への恨みや事件の反省ではなく、母との楽しかった思い出ばかりだったのだ。しかし、手記はそれから2年間、1ページも書き上げることなく2020年4月、最高裁の日程が決まる。「過去を思い出すとつらい。事件を思い出すとつらい」というのがその理由である。

それでも事実上の死刑確定日となる判決公判が同年9月8日に行われることがその前

月に決まると、和也は猛烈なペースで書きはじめる。「自分の半生を世に知ってもらいたい」と5回にわたり断続的に手紙を送り、計160枚の手記を私に託したのだ。

まずこの手記を書いている理由は、自分の半生を振り返った上で、何が原因でこのような人格、性格となり、何がどう影響し合い、「土屋和也」という男性がどのような環境下において変遷していった過程（プロセス）を経て、その最期には殺人犯までに堕ち果てたそれらを明確にすることが、自分に課せられた使命であると考えている。

情景や心情、人それぞれの表情や言動を可能な限り表現・再現しようとすることで臨場感ある表現になると思いますが、これがなかなか難しいです。

自分が犯した際、その被害者と遺族らは「償いなどいらない」「極刑だけを望む」との内容を前橋地裁、東京高裁ともに公表し、土屋本人が彼らに直接賠償をするというのは彼らが望んでいないため行おうとは思っていません。

自分が彼らの愛する大切な人を殺めてしまったのも事実で、反省をしても彼らのもとへは被害者は戻りませんし、反省はしても自分に何の利点はないし、何も環境は変わりません。

「人でなし」「殺人犯」「卑怯で卑劣者」「反省ゼロの殺人犯」「老人狙いのゴミ野郎」

……。そう世間から後ろ指さされて、憎たらしい奴の半生を詳しく知りたくないですか？　自分の手記を読んで、トラウマになったり、気分を害したりした場合の責任は負いかねます。自己責任でお頼み致します。


「自分の半生を知ってもらいたい」

これが死刑確定前からの、和也の唯一の望みだ。面会に行くと目を真っ赤にしていた。おそらく徹夜で書いていたに違いない。だが手記は未完成で、起こした事件や半生を俯瞰で見て整理しきれないまま裁判は進み、２０２０年９月８日、最高裁で上告が棄却され死刑は確定した。

私はその日も夕方に面会に赴いている。面会室に入ると和也のほうから口を開いた。

「判決を知ってますか？」

「弁護士から聞いてないんですね」

「はい、全然連絡なくて」

「そうですか。残念ながらダメでした」

「ありがとうございます」

「どう感じます？」

「もともと、判例を見ると希望を持ってなかったですから……」

和也は明らかに落胆していたが、それ以降も手記の執筆は続いた。

死刑判決が確定し「確定死刑囚」となると、親族以外、面会が認められることはほとんどなくなる。少なくとも私のようにメディアの人間が認められることはない。しかし、最高裁で死刑判決が下されたからといってすぐに確定死刑囚の処遇になるわけではない。判決が言い渡されてから10日以内に「判決の訂正申し立て」をすることができる。これは名前などの誤字脱字の訂正を申し立てる制度で、判決自体を変えるものではないが、多くの死刑囚が形式的に確定まで時間稼ぎをするためにこの制度を使う。そして全ての手続きが終わり、棄却の書類が拘置所に届くまで面会も自由に認められる。まだ時間は残されている。


私は最高裁での死刑判決から約2週間後の9月24日に、再び拘置所に向かった。

「判決の訂正申し立ては？」

「先週のうちに弁護士に手紙を書いてお願いしました」

安堵した。少なくともまだ2週間は和也と会える。すぐに半生の聞き取りを再開した。

「改めて教えてください。和也さんにとって母親とはどういう存在でしたか？」

「当時、信頼していた唯一の肉親。いまは良い意味でも悪い意味でも大人になった。現実を知った」

「どういう意味でしょう？」

「親離れしたということ…かな」

「以前は母親への敵意を剥き出しにしてましたよね。いまは？」

「責める気はない。みんな等しく悪いと思っている。自分がいちばん悪いけど」

「みんなとは？」

「母親」

「あとは？」

「父親も入る。父親が親権を持っていたら俺は良い大人になっていたかといえばそうは思わない」

「他にもいますか？」

「もっといるけど今は言いたくない」

「最高裁の判決文は読みました？」

「はい、見ましたけど内容が薄すぎて特に何も思わなかった」

「受け入れられましたか？」

「認めたくない部分もあったけど、追認される社会なので」

「そういえば文章がどんどん上手になってますね」

「ありがとうございます。文法の勉強、もっとしておけばよかったです」

「続きも待ってます。また来ます」


和也との会話はこれで最後になった。担当弁護士が判決の訂正申し立てを黙殺していたからである。他人の私でさえ怒りを覚えるほどありえない対応だ。ましてや当事者の和也が平然と受け入れられたはずがない。もう和也に直接、話を聞くことはできないが、手元には未完ながら１６０枚の手記が残った。足りない部分は自分で取材をしよう。読み返し、言葉で交わしたわけではないが、手記の補完を塀の中の和也と誓った。

中学、児童養護施設での壮絶ないじめ

２０２１年１月、ツテを頼り母親・聖子（仮名、当時53歳）と接触した。内容の補強をお願いすると「それが和也の望みなら」とあっさり承諾し、概ね半生は完成した。批判されることも承知のうえだという。

和也は1988年、栃木県の山間部で生まれた。母親・聖子は21歳。年子の姉のほか、父親の連れ子もいたという。しかし、父親の浮気と暴力で、約2年で両親は離婚。聖子は着の身着のまま姉と和也を連れて群馬県高崎市内の水商売の寮に逃げ込んだ。聖子の母親である和也の祖母は、その粗暴な父親について、のちに和也にこう話したという。

「実の父はろくに家に金を入れず、定職にも就かずにパチンコ三昧で、母から金をせびっていた。そのうえ、前の嫁に産ませた男児の世話も母にさせていた」

母が成人式で着るはずだった晴れ着も、父が遊ぶ金欲しさに無断で質屋に売り、「おまえの服、1万ほどにしかならなかったぞ」と吐き捨て、結局、レンタル品で成人式に行ったらしい。

若くして母子家庭になるなどいまどき珍しいことではないが、聖子は女手だけの子育てに限界を感じていた。夜、スナックへ出勤し、朝方に帰宅して子供たちが寝る布団に入る。昼夜逆転の生活は聖子はもちろん、子供たちにとってもつらかったに違いない。それでも前述のとおり、和也の手記には家族3人で遊園地に遊びに行くなど楽しい思い出ばかりが綴られている。和也は、当時の困窮した母の状況には気づいていなかったようだ。

ほどなく聖子は再婚して平穏な生活を手にする。前夫と真逆の、優しく面倒見がいい男。家族で夕食を共にし、お風呂に入って川の字になって寝た。絵に描いたような理想の家族像である。

家族に亀裂が生じたのは、新たな生活を手に入れた2年後のことである。

「訪問販売でミシンや布団を1千万円分ぐらい買っちゃったんです、旦那さんに黙って。で、それがバレて愛想を尽かされちゃって」

2度目の離婚。再び水商売をする母親について回る生活になったが、1回目の離婚で片親の限界を感じていた彼女のこと、その生活も長くは続かない。聖子は決心し、4歳の和也と年子の姉を児童養護施設に入れる。

自分の収入だけでもなんとかなるのでは。子供の笑顔を励みに頑張れるのでは。なぜ聖子は和也たち施設に預けたのか。

「ひとりで生活するのと、3人で生活するのは違うし。毎回炊事するわけじゃないから。コンビニで済ますみたいな感じだったので、やっぱりね、私には無理だったんですよ、きっと」

息子を手放した母。毎月の実入りは数万円ほどしかなく、とても幼い子供たちをその身一つで育てる余裕はない。加えて訪問販売で負った多額の借金を抱えた聖子自身が生きるための選択でもあったのだろう。

1993年に施設に入った和也。そこで待っていたのは壮絶ないじめだったという。和也はその詳細について、面会時にこう語っていた。

「施設に行った日から殴られた。職員に階段から突き落とされたこともあった。しつけだと言われて」

「それをされてどう思いましたか？」

「つらかった。やめてほしかった。でも、そういうものかとも思った」

高校入学時に群馬から福島に行ったのも、中学校でのいじめが引き金だった。

「クラスメイトから（大便を意味する）土屋ミソと呼ばれていた。靴を隠されたことも何度もある。机に葬式のように花が置かれていたことも」

「逃げ出したかった？」

「そうだったと思います」

和也は中学を卒業すると同時に施設を出て、1人で福島県内の聖子の実家に身を寄せた。高校では卓球部に所属した。勉強はでき、教室ではよく漫画や新聞を読んで過ごしていた。大人しく、友達はいなかったようだが、いじめられることはなかったという。

上／生後10ヶ月、母の背中で
下／1歳6ヶ月。母親が最初の離婚をする直前

上／仲の良かった姉(右)と
下／二番目の父親(左)を和也は逮捕まで実の父親と思い込んでいた

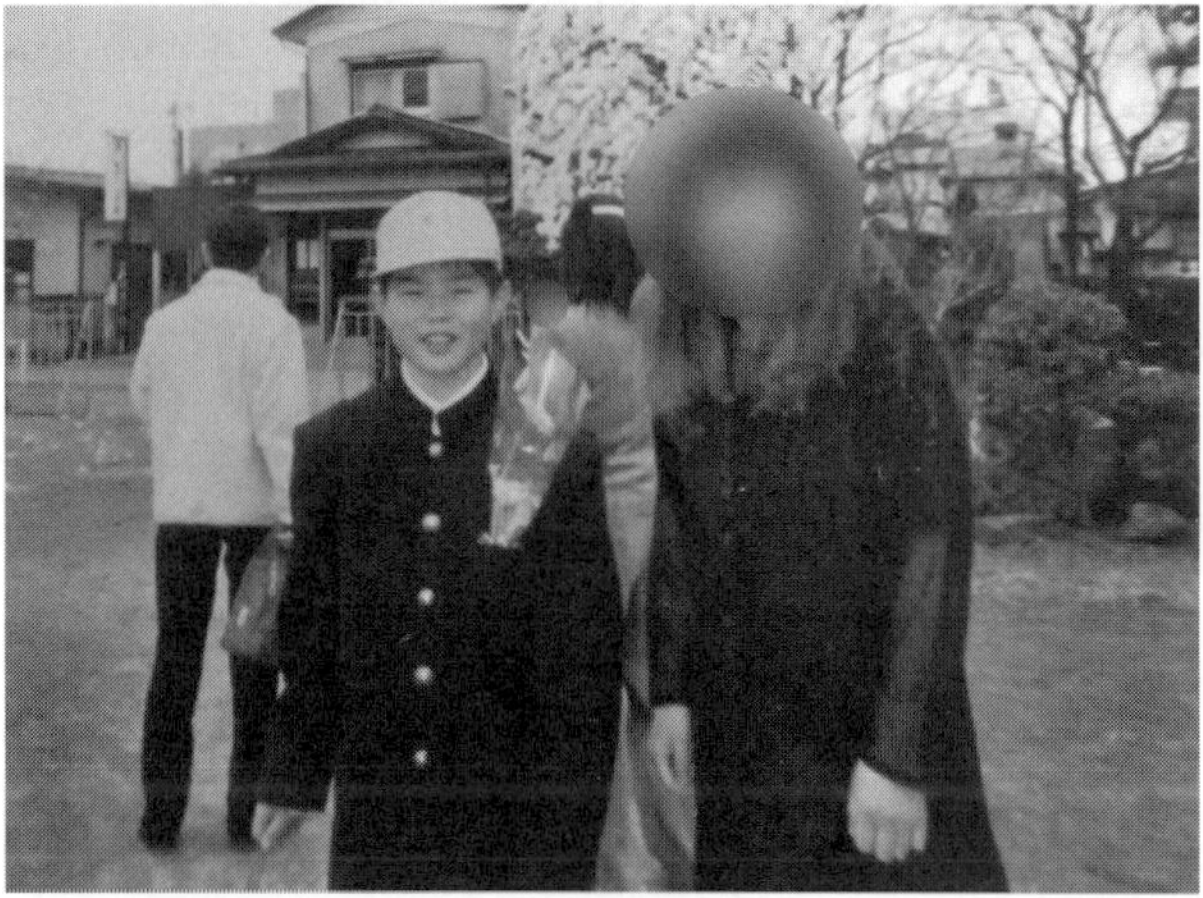

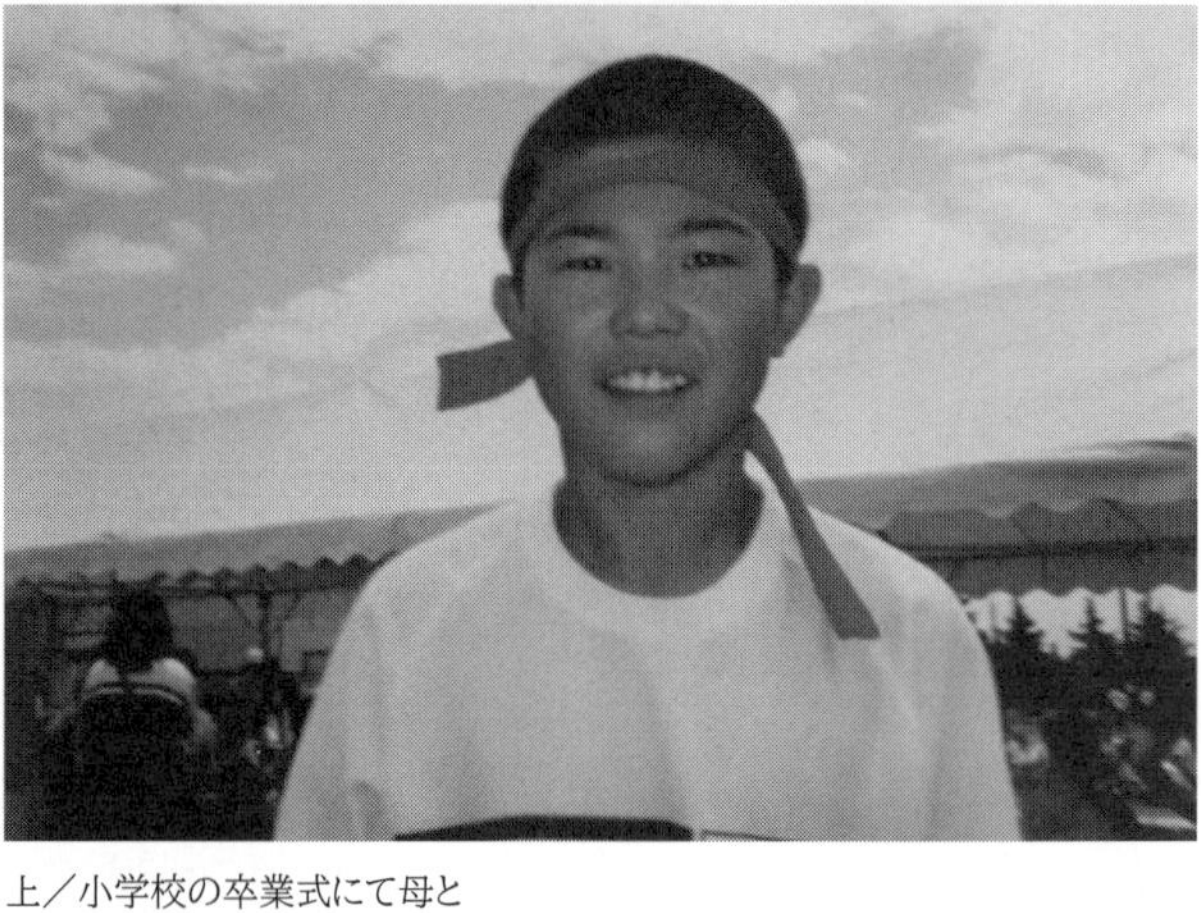

上／小学校の卒業式にて母と
下／中学時代

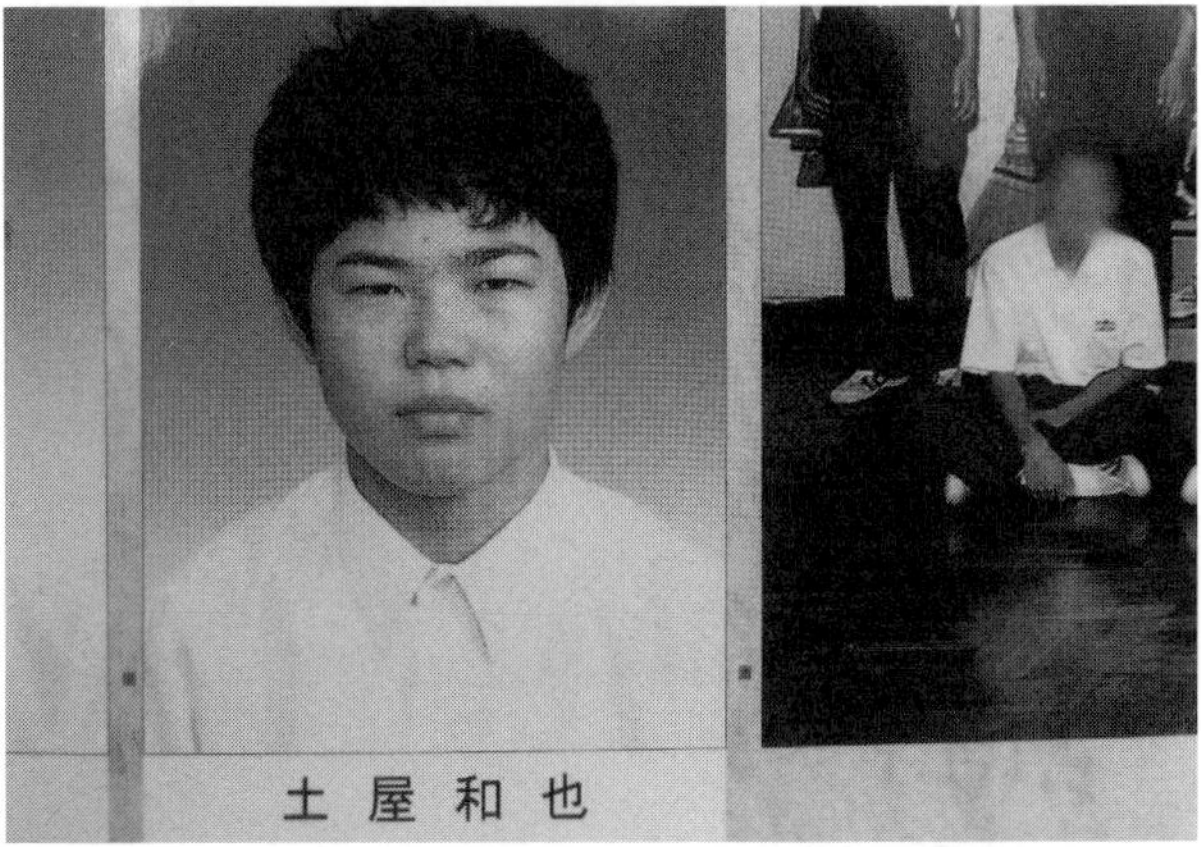

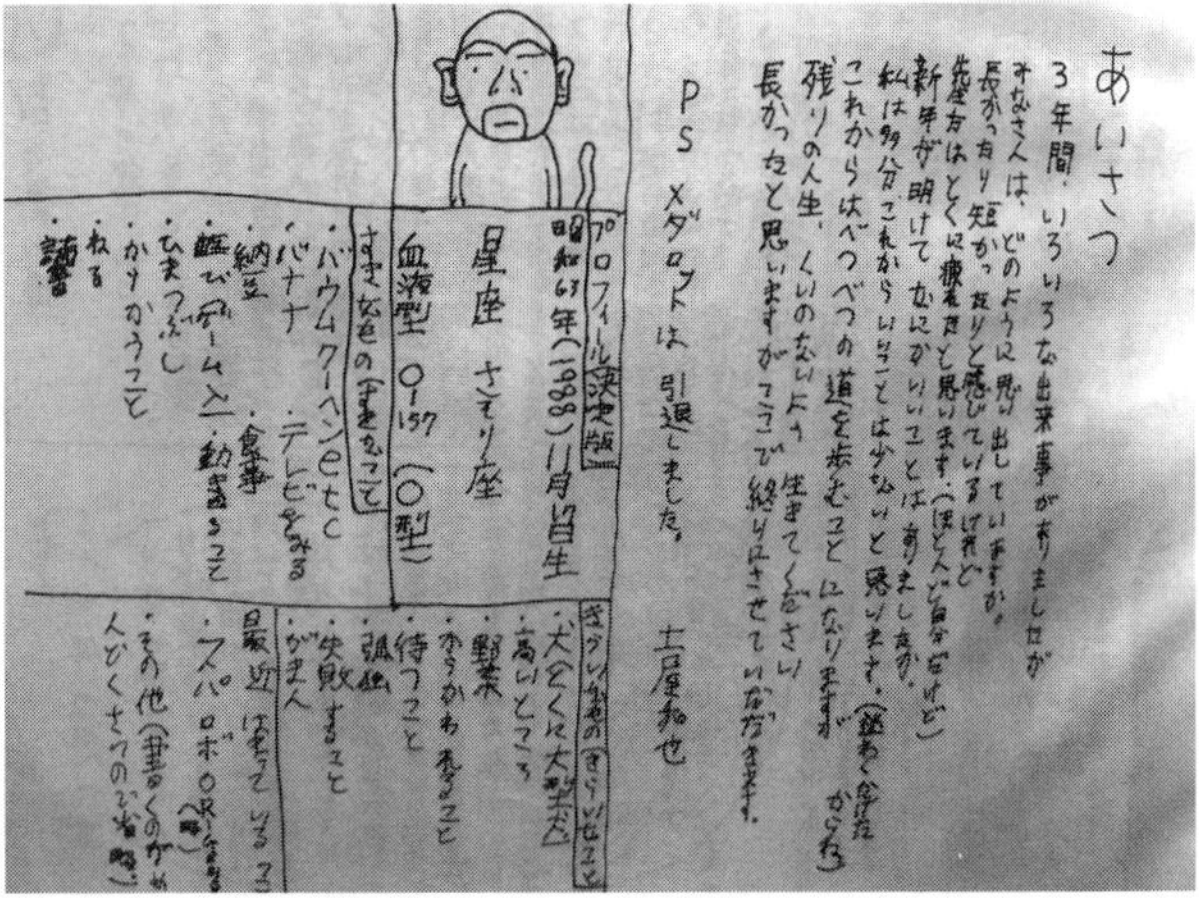

あいさつ
3年間、いろいろな出来事がありましたが
みなさんは、どのように思い出していますか。
長かったり短かったりと感じているけれど
先生方はとくに疲れたと思います。（ほとんど自分なんだけど）
新年が明けてなにかいいことはありましたか。
私は多分これからいいことは少ないと思います。
これからはべつべつの道を歩むことになりますが
残りの人生、くいのないよう生きてください
長かったと思いますがここで終わりにさせていただきます。

PS　メダロットは引退しました。
土屋和也

プロフィール決定版
昭和63年（1988）11月[illegible]生
星座　さそり座
血液型　O-157（O型）
すきなもの（すきなこと）
・バウムクーヘンetc　・テレビをみる
・バナナ
・納豆　・食事
・遊び（ゲーム）
・ひまつぶし
・ねる
・読書

きらいなもの（きらいなこと）
・犬（とくに大型犬）
・高いところ
・野菜
・からかわれること
・待つこと
・孤独
・失敗すること
・がまん
最近はまっていること
・スパロボ
・その他（書くのがめんどくさいので省略）

上／中学校の卒業アルバム
下／卒業アルバムに書いた文章

事件を知った高校の同級生も「もの静かな子だったのに」と驚いた。しかし自宅に戻れば、同居する伯母との折り合いが悪く、ここも安息の地ではなかったようだ。この間、聖子は和也と一度も向き合っていない。

和也は高校を卒業すると、福島で塗装業の仕事に就いた。が、本人曰く「人付き合いが苦手」で仕事にも慣れず、わずか7ヶ月でクビに。塗装は未経験で覚えが悪く、先輩から嫌われ、会話もなかったという。職場でも孤立してしまったのだ。

和也は同居する伯母との齟齬《そご》もあり、20歳のとき初めて、当時、群馬県前橋市内で暮らしていた聖子を頼った。だが、今度は一緒に暮らしていた聖子の同棲相手と折り合いがつかず、すぐに逃げ出してしまう。和也からすれば、母は自分ではなく同棲相手を取ったということになる。

和也は生活保護を受けて急場を凌いだあと、ようやく前橋市内のラーメン屋でのアルバイトにありつく。給料はわずか15万円だったが、職場とアパートは母親が暮らす家の近く。再び母との交流を重ね、充実した生活を送っていた。しかし、ほどなくして親の介護を理由に、聖子は和也のもとを去り福島の実家で暮らすようになる。ここでも和也は顧みられることもなく、聖子の行動は変わらなかった。

度重なる離婚や施設に預けられたことで摩耗しきっていた親子の絆の糸が、このとき、和也のなかで完全に切れたのかもしれない。

自分の場合、母からの連絡が途絶え、こちらからの連絡ができない状態でした。（携帯ゲームで作った借金がある状態で）金がなくガス、水道、と止まり、料金未納でスマホも通話不能になりました。日々食うものに困る状態になっていました。（再び）生活保護を受けることも考えましたが、その受給時代の係からの言葉のない無音の重圧。それらに耐える意思も気持ちも崩れ去り、希望のない絶望のうちにいるのだ俺は……と実感しました。

殺人犯は、怨恨や金銭目的で殺めるタイプと、不遇な自分を世に問うため無差別テロを起こすタイプに、大まかに分かれる。和也は、そのどちらでもないのかもしれない。飢えを凌ぐために現金約7千円とリンゴ2個を盗むも「自分の半生を知ってもらいたい」と最後の望みを語ったからだ。あるいは2つを内包しているのだろうか。

手記から読み取れない和也の心情を補足する。

和也は事件後、精神鑑定により発達障害と認定されている。その障害は、脳の発達の遅れから対人関係を築くことが苦手であったり、集団生活ができなかったりなどの症状が表れるとされているが、土屋和也はまさしくそのタイプだった。

前述のとおり、和也は事件前、携帯ゲームにハマり過度な課金をし、借金を抱えていた。それが理由で生活苦に陥ったことが、事件の引き金になったと裁判などでは指摘されている。が、和也はその認定に不満を示していた。面会で、私にこう動機を説明していたのである。

「前橋にいたとき、唯一の友達と言える存在が飼っていた熱帯魚だった。仕事から帰って、餌をあげようとすると口を近づけてきてくれるのがうれしかった。でも、それが東日本大震災の計画停電で死んじゃったんです。もうそれから、自暴自棄になっちゃって後先を考えなくなった」

その熱帯魚は、近くの公園に埋め、丁寧に葬ったと言った。熱帯魚に対する執着は確かにあったように思う。死刑確定直前、某週刊誌が〝事件の真相〟として熱帯魚について記事にしていた。以下、報道を受けての和也との会話だ。

「記事には熱帯魚が事件の動機と書いてありましたが、あれは事実？」

「本当です。でも、一つ違うところもあります。記事には飼っていたグッピーと書いてありましたけどグッピーではないです」

「じゃあ何の魚？」

「覚えていないです……」

私は当初から彼の説明を訝しく思っていた。東日本大震災が起こり、計画停電が行われたのは２０１１年のことだ。が、事件は２０１４年11月である。全く時期が合わない。

確かに和也にとって熱帯魚は孤独から救ってくれる存在であったのだろう。だが、やはり母親が和也を見捨てるような形で福島に戻ったことが事件の動機と考えればすっと腑に落ちる。決行の日は２０１４年11月10日未明。母からの連絡が途絶え、生活にも困窮した直後のことである。和也のもとに捜査員がたどりついたのは、２度目の殺人から約１週間後だ。

死刑確定を受け、初めて書いた息子への手紙

和也の書いた手記に補足するため取材をお願いした際、別れ際に「和也に渡してください」と、私は和也の実母・聖子から１通の手紙を預かった。２０２１年2月5日、最高裁の確定判決から約5ヶ月後のことである。

聖子は和也からの手紙について、年に2、3回は届き続けていたと証言した。内容は、決して怒りや不条理をぶつけるものではなく、時候の挨拶などたわいもないものだ。そして最後には、必ず「たまには手紙が欲しい」と書かれていたという。

だが聖子は、実子が「会いたい」旨を記して送り続けた手紙に対し、事件発生からこれまで一度も返信していなかった。なぜ、彼女は和也の気持ちに応えなかったのか。聖子曰く「送り方がわからなかった」という。ちょっと調べればわかるのでは。そもそも封筒の裏に送付先の住所が記されているのでは。彼女の、そのズレた感覚の真意は測りかねるが、私が「代わりに届けます」と申し出たことで重い腰を上げたのが、コトの経緯だ。

ともかく息子の死刑確定を受けて初めてペンを持った母。2人の関係性を理解するために、私は聖子から手紙の内容を公開する許しを得た。

和也君へ。手紙で失礼します。

明けましておめでとうございます。和也君、普段は何をしていますか？

今、現在、世界中、日本でもコロナウイルス感染症といって、各地では自粛してマスクして等との事で毎日が大変な時期でもあり、インフルエンザにも気をつけています。

和也君の体調は大丈夫ですか？　風邪は？

書き出しは、コロナ禍で息子の体調を気遣う言葉から始まる。つたない文章ながら、内容はごくごく普通の母親の姿そのものだろう。

和也君。話は違いますが、以前、実家に電話をくれたとき、和也の声が聞けて良かった。また、ばあちゃんと和也と3人で実家で住めたら良いのに、との、ばあちゃんの言葉が忘れられず、毎日、涙する。もう少し和也と一緒に過ごせると良いなあ、なんて思ったり、色々、後悔しています。

姉も「和はたった一人の弟だから。姉弟だもん」と言ってくれたり、「和也大丈夫かな？　元気かな？　この前手紙くれたよ。元気そうだった。ホッとした」と話してくれたり、週1～2のペースで電話くれますよ。近所、いとこのおばさんやおじさんも心配してくれて、「和也は良い子だったのに、かわいそうな場面がいっぱいあったよ。ところで和也は元気かい？」と声をかけてくれたりしています。

私の言いたい事は、和也は良い子で気がきく子だという事ですね。和也に会って話をしても言い足りないけど……。

和也君の私物は受け取りますが、取りに行く事はできませんので郵送でお願いします。和也君、いつも心配してくれてありがとう。和也君、いつまでもお母さんとお姉ちゃんの側に居てくださいネ。お母さんの子供に生まれて来てくれてありがとう。また、できたら、手紙書くから。また、会えたら良いな。

自責の念や姉との絆の深さ、近所の住人や親類も案じていることなどを記したあと、彼女は突然、「私物を取りに行く事はできない」と息子を突き放し、最後は和也への感謝の言葉で締められる。そこには母と息子のいびつな距離感が滲み出ている。「側に居てください」「また、できたら、手紙書くから」と言いつつも、これまで一度も手紙を書かなかった母。親子の絆は、聖子が親の介護のために和也のもとを去り連絡が途絶えたあの日から、壊れたままだ。

事件を受け、聖子は一度だけ和也の面会に行ったことがある。その時期を彼女は正確には記憶してはいなかったが、警察の留置場に行ったというので、事件発生直後のことだろう。和也は久しぶりに会えた母親を見ても恨みがましい言葉はなかった、と聖子は話した。

「まず顔を見に行ったというのと、何かあったら助けてあげなくっちゃっていうのですかね」

「そのときの和也さんっていかがでした？」

「泣いてました。ずっと下向いて」

「どんなことを話した？」

「私も泣いてしまって会話にならなかった」

久しぶりの再会だった。だが、会話はこれが最後だ。

最後に会ったのは東京高裁での法廷だった。情状酌量の証人として母親は出廷し、そこで被告席に座る和也を見た。

「その裁判のご記憶ってございますか？　裁判所で見た和也さんは？」

「下向いてるっていうことだけです」

「他には？」

「被害に遭われた家族の方々の顔が見られなかったっていうことでしょうかね」

「息子さんと目を合わせたりとかしました？」

「目は合わなかったかな、下向いてたからね」

母親はその後、東京拘置所にいる息子と面会をすることも、声をかけることもなく立ち去った。現実からも、息子からも逃げ出したとしか思えない対応だ。

和也はその後、何度も「たまには手紙が欲しい」と記した手紙を母親に書いた。だが聖子は、返信することもなければ会いに行くこともなかった。


私は約束どおり母親の手紙を和也に届けた。が、死刑確定後は面会が制限されるため、その後をうかがい知ることはできない。だから改めて母親を訪ねた。面会や手紙を送ることができなくなったいま、彼の気持ちを聞けるのは近親者だけなのだ。

〈どうして、いま頃……〉

受け取った和也の反応は、おそらくこうしたものだっただろう。それは母親からの手紙に対しての、彼の反応で判断できることなのだが、その結末は後に伝える。

大丈夫って言うから、SOSに気づけなかった

福島県某所、高速道路のインターから30分ほど車で走った山間部の和也が生まれた実家で、母親はひっそりと暮らしていた。あばら家。近隣家屋と比べてそう映る。わずか

だが、畦道にはまだ雪が硬く氷状になって残っている。2021年3月末のことである。待ち合わせたのはそこから車で5分ほどの最寄駅。うらぶれた商店が一つしかない長閑な駅だ。時刻表には1時間に一本も発車時間が記されていない。

誰もいない待合室の冷たいプラスチック製のベンチに座り、再び話を聞いた。手紙の結末を確認するためだ。いま彼女は高齢者支援関係の仕事をしながら、和也の事件のことは隠して暮らしているという。

以下、母親との一問一答である。

「和也さんから手紙の返信は来ましたか？」

「ないです」

「それに対してどう思われますか？」

「それはしょうがないかなって。立場的に本人が落ち込んでる部分とかがあったり……。娘にも（手紙を書くと）話したら『いいね』と言われたので書いたことで。娘は『私も送る』と言ってました」

「嘘偽りなく、心のままを書いたんですか？」

「そうです。ちょっと一方通行かもしれませんが」

「繰り返しますが、なぜ和也さんが返信しないと思われますか？　会いたがっていた和

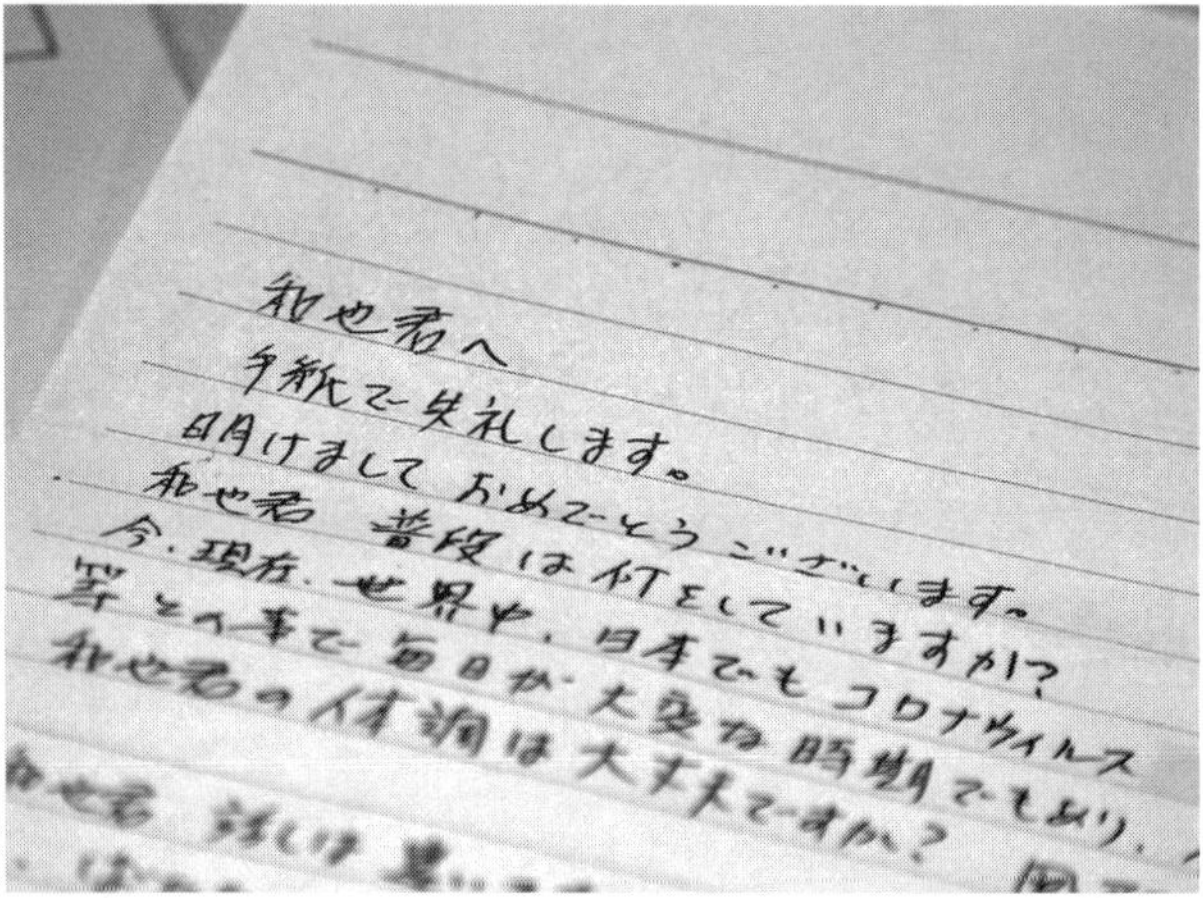
和也君へ
手紙で失礼します。
明けましておめでとうございます。
和也君　普段は何をしていますか？
今、現在、世界中、日本でもコロナウイルス
等とい事で毎日が大変な時期でもあり、
和也君の体調は大丈夫ですか？

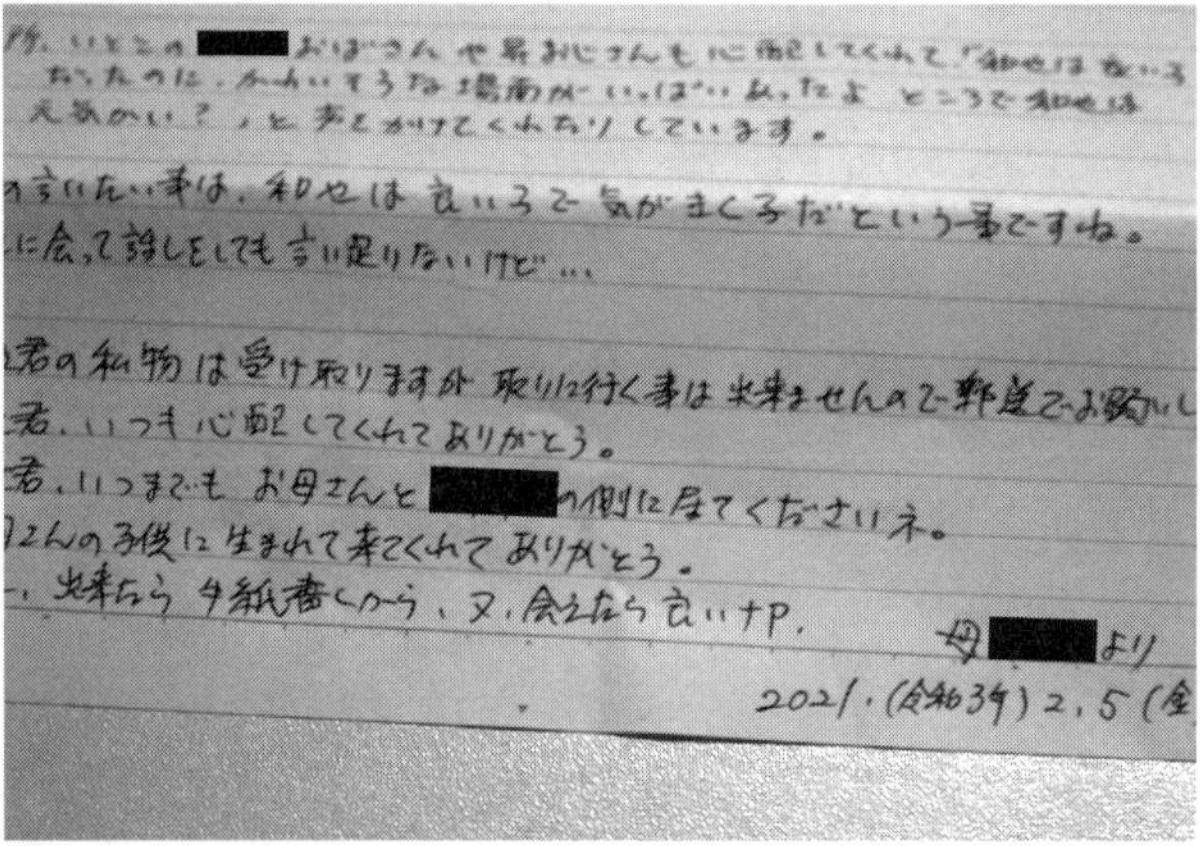
他、いとこの[redacted]おばさんや叔父さんも心配してくれて「和也は良い子
だったのに、かわいそうな場面がいっぱいあったよ　ところで和也は
元気かい？」と声をかけてくれたりしています。
の言いたい事は、和也は良い子で気がきく子だという事ですね。
に会って話しをしても言い足りないけど…
君の私物は受け取りますが取りに行く事は出来ませんので郵送でお願いし
君、いつも心配してくれてありがとう。
君、いつまでも　お母さんと[redacted]の側に居てくださいネ。
さんの子供に生まれて来てくれてありがとう。
、出来たら手紙書くから、又、会えたら良いナP.
母[redacted]より
2021.(令和3年)2.5(金

母親から託された手紙

上／現在、和也の母親が暮らす福島県の田舎町
下／駅の待合室で取材に応じる母親

也さんが手紙を読めば、お母様にも会いたい気持ちはあったことはわかるのに」

「私は息子や娘に対してやっぱり、一緒に暮らせなかったことは申し訳なかったと思っています。だから恨んでるんじゃないかなって思っちゃう」

「あのとき『こうしてあげればよかった』という後悔は？」

「普通は、寄り添って親子で過ごすのが当然だと思います。でも、私にとって、やっぱり（3人で）生活できる範囲（環境）にはなかったので、（施設に）お願いした感じです」


ときに自らの手で殺めてしまう親もいるなか、生活に行き詰まり聖子は子供を施設に託した。彼女の肩を持つわけではないが、だからといって親から見捨てられた子供の全てが犯罪に走るわけではない。彼女が続ける。

「現実として見てあげられなかった、一緒に生活できなかった部分には後悔しています。その反動じゃないけど、積もり積もって、悩みに悩んで悪いことをしちゃった感じなのかな、って。自分を責めたこともありました。飲みに行ったりすれば忘れることもありますが、家に帰ってひとりになると、ふと和也のことを思い出します。やっぱりあの子は私の子ですから。帝王切開で苦労の末、普通に生まれてきてくれましたから」

「死刑が確定したとき、率直にどう思われました？」

「だよね、って。やっぱり親としてはずっと生きててほしいのが本音。なんですけど過ちはアヤマチですから、うん」

「死刑執行まで数年間はあると思います。それまでに和也さんから『会いたい』旨の言葉があったら、どうですか」

「会いたいって思いますよね。うん、会いたいって思います。お姉ちゃんと一緒に会いに行けたらいいなって」

「あくまで本人が望むなら、手紙が返ってくるなら、ってことですか？」

「うん、そうですね」

手紙を無視し続けた母親から死刑確定後になって初めて手紙が来た。和也が複雑な感情下にいることは想像に難くない。

「（書くのが）苦手だから。でも、これはちょっと書かないといけないなと思って。メールだったらすぐ送れたんですけどね」

彼女は冗談とも本気ともつかない理由を述べた。本当にそれだけなのだろうか。以前に渡していた和也が綴った160枚の手記も、読むのが苦手で「全部は読んでいない」という。

「何かしてあげたいって思いますよね、気持ちだけですけど。何もできないから私は。

私の知ってる和也は、いつも笑ってましたからね。いじめのことも（あとになって和也から）聞かされましたが、私にはそういう素振りを見せなかったこともあって。だから（和也のＳＯＳに）気づけなかったこともあって」

改めて聞いた。事件の一報を聞いたときはどうだったのか。

「間違いじゃないかって。仕事が手につかない、うん。まず自分を責めたっていうか。手紙で本人にも伝えたんですが、電話がかかってきたときは、『元気だよ。ここで暮らしているよ』って話していて…」

聖子が話す「電話がかかってきたとき」とは、彼女の手紙に記されたこの一文だ。改めて引用したい。

和也君。話は違いますが、以前、実家に電話をくれたとき、和也の声が聞けて良かった。また、ばあちゃんと和也と3人で実家で住めたら良いのに、との、ばあちゃんの言葉が忘れられず、毎日、涙する。もう少し和也と一緒に過ごせると良いなあ、なんて思ったり、色々、後悔しています。

電話があった当時、聖子は和也と住んでいた群馬県内の街を離れ、福島の実家に帰っていた。聖子が当時の状況を回顧する。

「元はと言えば、和也は高校を卒業後、私の姉（和也の伯母）と反りが合わなくて（一緒に暮らしていた）福島の実家を出ちゃった。だから（和也を群馬から実家に）連れ戻すってことができなかったんですね。それができてたら良かったのにな、って」

和也は、聖子の実家を飛び出した。背景には伯母との確執があった。だから親の介護で聖子がひとり実家に戻ったときも、和也を呼び寄せることはできなかったと彼女は説明した。

なぜ和也の「助けて」のサインに気づけなかったのか。息子が心配なら、塗装業から逃げ出すなどした、その摩耗した生活と心を見過ごすことなどできるはずがない。

「大丈夫、大丈夫って言うから、こっちも安心しちゃって」

聖子は目に涙を浮かべながらも終始、淡々と話した。雑談にも応じてときおり笑った。同じ質問を繰り返しても言葉を選ぶことはない。彼女の言葉に嘘はないのだろう。

別れ際、彼女は私にアクエリアスのペットボトルを渡してくれた。実家周辺はもちろん、駅前にも自販機すらない。わざわざコンビニまで車を走らせてくれたのだろうか。

だから思う。なぜこうした気遣いをもっと息子にしてやれなかったのか。２０２２年

5月現在、和也から聖子への返信はない。この事実が彼の胸の内を雄弁に物語る。

私が作成したユーチューブや「文春オンライン」の記事には非常に多くの反響をいただいた。動画の再生回数は100万回を超える。にしても、本来なら真っ先に見るべきはずのところ、死刑囚になった和也だけが動画を再生できない生活を送っているなんて。彼が見たら何を思うのか。だが、もう会うことも感想を聞くこともできない。

聖子は、自分が生きていくために和也を施設に預けた。決して彼だけを邪魔者扱いし捨てたわけではない。同時期に和也の姉も施設に預けている。そして姉は、もちろん犯行などせずフツーに生きている。

だが和也は、事件の責任を一部、母親に転嫁しているフシがある。それは、和也が聖子に助けを求めて電話をしたあのとき「大丈夫だよ。心配しないで」という言葉を、そのまま鵜呑みにされたという思いがあるからだろう。和也からすればそれは、精一杯の意思表示だったという思いがあるのだろう。

私が和也に肩入れしてしまうのは、聖子の当事者意識の低さにある。和也への犯行後の曖昧な対応は、あまりにも不可解だ。人殺しの息子が邪魔なら完全に縁を切ればいいのでは。そうでないならちゃんと向き合ってやればいいのでは。加害者家族は主体性を持って然るべきだろう。どっちつかずの態度は憎悪を生み、和也が深い反省に至る機会を奪うだけだ。なぜ、聖子は傍観者で居続けるのか。

　実は当初、その和也の回りくどい意思表示を、聖子は確信犯的に額面どおり受け取ったのだと感じていた。事件後に送られ続けた息子からの手紙を無視し続けたことがその思いを強くした。そう、自分の人生を優先し、和也のことをある意味、邪魔者扱いしていたのではと思っていた。

　だが聖子の話に耳を傾け続けると、そうとも言い切れないと実感した。何度同じ質問をしても、彼女は言葉を選ぶことなく「大丈夫だよ。心配しないでと言われたから」と同じ答えを繰り返したからだ。

　そう言われても、和也の本音を汲み取り、自分のもとに呼び寄せることができたのでは。長きにわたり別々の道を歩んできた聖子には、残念ながら先回りしてその考えが浮かぶことはなかった。彼女もまたギリギリの生活を強いられていたからだ。でも、しかし……。

「大丈夫、大丈夫って言うから、こっちも安心しちゃって。あのとき、もし助けを求めてくれれば、息子を殺人犯にすることもなかったかもしれないと思うことが、時々あるんですよ」

聖子が和也の「助けて」のサインに気づかず、和也は生きるために事件を起こした。一方、聖子も生きるために和也を捨てた。繰り返すが和也は犯行動機を社会や置かれた境遇のせいにしているフシもある。だがそこにも、私は違和感がある。変わって今度は聖子の肩を持つわけではないが、ネグレクトの末に息子を自らの手で殺めてしまう母親もいる。だから現行の社会のルールのなかで最適な選択をしたとも、言えなくもないからだ。

高校生になった和也は、施設での不遇な生活から一変、平穏な生活を手に入れた。同居する伯母との確執はあったものの、施設時代よりはマシだったと見ていい。が、卒業して社会に出るとまた、不遇な生活が始まる。高校での生活と比較し再び卑屈になった。おそらく高校での3年間を、幼い頃、母親と一緒に暮らした4年間に少しだけかもしれないが重ね合わせていたのだろう。その反動から卒業後は、また施設時代のように舞い戻ってしまったと感じたに違いない。

和也は生活が困窮するなか、自殺も考えたと手記に書いている。が、自分の唯一の味方だと信じていた聖子の存在が大きく、彼女のために「生きなきゃ」と思いとどまった。追い詰められながらも「大丈夫だよ。心配しないで」と母親に言ったのは、大好きな母親を悲しませないため、その結果として自分が生きるため2人の命を奪い、リンゴ2個と現金7千円を手にしたのだ。

和也の半生の全体像が見えたいま、私はそう理解している。

いま現在も続く弟と姉の絆

2023年11月、群馬県太田市、東武鉄道小泉線の「竜舞《りゅうまい》」という小さな無人駅に降り立った。和也が5歳のとき、家族3人で暮らしていた場所である。

小さなほったて小屋のような駅舎を出てもコンビニや商店が並んでいるわけでもなく、住宅が広がり、ポツンと自動販売機があるだけ。私以外にこの駅で降りたのは数人の若者で、その全員が東南アジア系の労働者と思われた。自動車メーカー「スバル」の企業城下町である太田市なら、頷ける姿だろう。

1990代前半、バブルは崩壊していたが、日本の経済はまだ土俵際で踏ん張っていた。外国人労働者もまだ珍しい時代、この地も全国から集まっていた期間工などで賑わっていたのではないだろうか。ひいては、街のはずれにはそうした工員に安く酒を飲ませるスナックなどが立ち並んでいたかもしれない。想像を膨らませながら、一家が暮らしていた30年前に思いを馳せた。

この地を訪れたのには理由がある。和也が死刑確定前に残した膨大な量の手記を読み返し、これまで謎に包まれていた年子の姉のこと結びつける場所だとわかったからだ。

和也は姉を「みーちゃん」と呼び、手記の中でも度々登場させていた。幼少期、学校に行けばいじめに遭っていた彼は、友達と呼べる存在が皆無だった。さらに家に帰っても母親は水商売の仕事に就いており、すれ違いの生活を送っている。

そんななか、唯一、心許せる相手が同じ境遇にいた姉だった。幼い姉弟が手を取り生きていたのだ。小学校入学時、和也が施設に預けられた際には、やはり姉も同じ施設に預けられていた。

前述したように、施設でも職員から激しい暴力にさらされていた和也にとって姉の存在が救いになっていたことは容易に想像がつく。それは、死刑確定前の面会で、和也は「姉にだけはまた会いたい」としきりに語っていたことからも明らかだ。

しかし、姉弟の関係は記録上、和也が中学を卒業し施設を出て福島に向かったことで途切れている。以降、一緒に住んだことはおろか「会ってもいない」と和也は面会で語っていた。それ以上、和也は姉のことを語ろうとはしなかったため、いま何をしているのか、死刑囚になった弟のことをどう思っているのか、悔しくも推しはかることすらできないでいた。

そんな気持ちを抱えつつ、本書の親本『日影のこえ』を発売することになった。しかし世に出てしばらく経ったある日、「突然の連絡で申し訳ございません」と、和也の知人を名乗る人物から私のSNSにダイレクトメッセージが届いた。

「私は、その土屋和也さんとお姉さんのことをよく知っています。施設にいたころからです。そして、いまもお姉さんの消息を知っています。小さい頃は本当に何度も引っ越ししたみたいで。お母さんが水商売を転々としていたからって言ってましたけど、そのときは事情なんてわかってなかったと思います。でも群馬とか栃木とかにいたみたいですけど、施設に入る前には駅の近くにある工場の近くに住んでいたって聞いたと思います。土屋くんと2人でお母さんの帰りを待っていたのを覚えているって」

私には、〝駅近くに住んでいた〟場所について思い当たる節があった。それが「竜舞」だ。和也もまた手記の中で竜舞についてだけは詳細に書き残していた。

若い母がまた引っ越した。またとは書いたが何度かは数えられないほど小さい頃の話だ。後年判明するのだがその地名は竜舞である。新しい住まいは歩いてすぐだと幼い姉妹の手を左右で握りながら母は言った。それは駅からすぐのところに在るらしいのだが短い足で母を必死にしがみつくように急かして足を動かして二階建てのアパートに着いた。特に印象に残っているのはそこのアパート近くにある建物から斜めに太い菅が延びている工場のような建物が壁に載っているように当時は見えた。（和也の手記より）

和也の手記に書かれた「竜舞」と、知人からのメッセージにある「駅近くに住んでいた」で、点と点が繋ったのである。

土屋一家が住んでいたアパートというのはすぐに見つかった。母親をインタビューした際、おおよその場所を聞いていたからだ。アパートは外壁こそ塗り直した形跡があったものの、駅から歩いて数分のところに建っていた。目の前には田園風景が広がり、田んぼの奥には生コンの工場が鎮座している。細部に目をやると、土屋の記述通り生コンの「太い菅」が見える。アパートのすぐ近くには、和也が母親の帰りを待ちわびた公園も残っていた。

なぜ、ここが数多くあった転居先の中で、和也が手記に残すほど印象に残っている場所だったのか。手記には、こんな出来事が書かれていた。

ある日のこと。母と幼い姉が2人だけで外にお出かけをして1人さみしくお留守番をしていた記憶がある。その後帰宅した2人はテンションも低く『ごめんね。寂しい思いをさせて』などと声の音量まで下がっていた。おそらくその当日の夕方に母親から聞かされたのは『よく聞いてね、カズくん。お姉ちゃん、手術をすることになったの』。キョトンとして後ろにいる姉を振り返ってみた幼い姉が不安な気持ちなのが当時でもわかった。手術当日の昼過ぎ、姉の表情は家で見せたものよりこわばって見えた。手術室の扉を睨みつけていたら、ふと開けられるのではと思った。扉に手を押し付けてみた。冷たかった。今度両手で開こうと両手を扉につけた。近くで姉を励まそうと思ったのかもしれない。しかし開かない……両手が冷たいだけだった（和也の手記より）

竜舞には、昨日まで2人で多くの時間を過ごしていた姉の苦しむ姿が、和也の鮮明な記憶として残っているのだ。

和也は面会で「このときの病気が原因で姉は障害を持ったので、きっと1人で会いに来ることもできないと思います」と語っていた。しかし、知人は言う。

「それはないと思います。お姉さんが障害を抱えたなんて聞いたことないですから。ただ、いまも施設にいるのは本当です。詳しくは話せませんが、小さい頃の病気とは全く別の理由ですけど」

知人によれば、姉は仕事もできる範囲でこなすなど、日常生活を送れているという。

「お姉さんは連絡が取れない間もずっと和也くんのことを心配していましたし、事件を起こしたことにも心を痛めていました。もし事件前に和也くんがお姉さんを頼っていたら力になってあげられたと思います」

おそらく和也は、幼少期に姉の苦しみ姿を見たことによって、姉との付き合い方が変わったのだろう。言うならば、守ってもらう立場から守る立場になったのだ。姉に迷惑をかけられないとの思いに駆られたことは想像に難くない。

和也は母親と何度もすれ違い、事件に突き進んでいった。しかし、姉ともすれ違っていたのか。念のため、知人の話を母親にも確認したところ、姉はいまも施設にいて、少なくとも衣食住に困ることはなく、幼少期の手術も完治しているのだという。

「当時は手術のことはしっかりと和也にも説明したつもりだったけど、まだ幼かったから理解できていたかはわかりません。その後は別々に暮らすようになったから話をした記憶はないです」

和也がなぜ思い違いに至ったのかはわからないが、姉の心には和也が変わらずに存在し、和也もまたその姉を心底慕っていたのだ。

最高裁での死刑確定から間もなく4年。死刑囚として過ごしている和也に私のようなメディアの人間に面会が許されることはない。通常、手紙ですら許されるのは親族のみだ。では、何度も手紙を無視してきた母親は獄中の和也と交流を持つようになったのだろうか。改めて聞いてみても明かすことはなかった。ただ、前述の知人はこう明かす。

「少なくともお姉さんはいま、和也くんと手紙のやり取りをしています。家族思いの優しい子なんです。お母さんとも頻繁に連絡をとっています。竜舞の街で暮らしていたのを覚えているのも、家族で過ごした最後の時間で、楽しかったからだったと思います」

和也にとっては母親以上に追い求めていたかもしれない姉からの手紙が、東京拘置所の独房に届けられているという事実。和也はその手紙を少なくとも孤独ではないと実感していることだろう。

姉は死刑囚となった弟を決して見放すことなく、いまも向き合っている。死刑囚となったことで再び紡がれた縁。知人によれば、姉はこう話しているそうだ。

「カズは私のたった1人の弟だから。姉弟だもん」

京都アニメーション放火殺人事件

36人の尊き命を奪った犯人・青葉真司の壮絶な半生

事件の涙

テレビをつけニュース番組にチャンネルを合わせると、小麦色の建物からもくもくと黒煙が立ちのぼる映像が流れていた。

2019年7月18日午前10時半過ぎ。京都府京都市伏見区の住宅街に位置する『ヴァイオレット・エヴァーガーデン』や『涼宮《すずみや》ハルヒの憂鬱《ゆううつ》』など数々の人気アニメ作品を世に送り出してきた、京都アニメーションの第1スタジオ。

地上からの映像のあと、やがて中継は空撮に切り替わった。ブルーシートの隙間からストレッチャーで運ばれる人々。消防隊は必死に消火活動を続けているが、それを嘲笑《あざわら》うかの如く炎と煙は衰えを見せない。

再び画面が切り替わり、今度は全身にヤケドを負い道路に倒れこむ、赤いTシャツに青のジーパン姿の男を映し出した。のちに判明するのだが、建物1階に侵入し、バケツからガソリンを撒いて放火し、アニメクリエーターら36人の命を奪った加害者、青葉真司《あおばしんじ》（当時41歳）である。男の両腕はヤケドで皮膚がめくれ、ジーパンの右足部分からは小さな炎と煙が出ている。火事の被害者に違いないとばかりにホースで水をかける近隣住民。男はこのとき、9割以上の皮膚が焼け瀕死の状態だった。

「話しかけんな、ふざけんな！」

駆けつけた警察官や住民たちから心配の声があがるなか、青葉は叫んだ。やがて放

炎と黒煙を上げる京都アニメーション第1スタジオ
（2019年7月18日。京都市伏見区）

火は青葉の仕業だとわかり、警察官が身柄を確保すると「俺の作品をパクりやがったんだ！」と怒りに声を震わせた。

青葉が何のために放火し、多くの命を奪ったのか、その動機は事件から3年が過ぎた現在も裁判が始まっていないため、はっきりとはしていない。ただし、京都アニメーションに対して強い憎悪があったことは、奇跡的に生き延びた彼が明確に話している。

「ガソリンを使えば多くの人を殺害できると思い、実行した」

単なる放火ではない。同社で働く社員たちに殺意を抱いていたうえでの犯行と供述したのだ。果たして盗作の事実などあったのか。たったそれだけで悪逆非道の限りを尽くすものなのか。私にある種の違和感を抱かせたのは、事件直前、騒音を巡って隣室の住人と衝突した際に青葉が「黙れ！　うるせえ、殺すぞ。こっち、失うもんねえから！」と吐き捨てていたからだ。自己肯定感の欠如がだだ漏れる、この言葉。作品をパクられた以外に大きな挫折があったに違いない。

事件に至る青葉の心情を突き詰めようとする報道はなく、被害者を実名で報じるべきか否かの議論が過半を占める。となれば、自ら取材をするしかない。青葉真司とは何者か。何に支配され世間を震撼させる大事件を起こしたのか。

さいたま市内のアパートで家族5人が生活

埼玉県さいたま市緑区（旧・浦和市）に、青葉が両親と兄、妹の5人で住んでいた木造アパートはあった。古びた外観に、錆びついた手すり。近所には新築一戸建てもあるせいか、どこか異様に見える。生まれたばかりのおよそ40年前、彼はここに住んでいた。家族は青葉が小学校卒業の頃までこのアパートで過ごし、その後、同じ緑区内のアパートに引っ越した。生家よろしく古びた、一家が暮らすには手狭な住まいである。郵便受けには溢れんばかりの郵便物がねじ込まれていた。念のためインターホンを鳴らしてみたが、応答はない。

周囲を取材して回ると、まず青葉と同級生の息子を持つ主婦に話を聞くことができた。彼女は、天真爛漫な笑顔に心引かれる、青葉が小学生時代の写真を見せてくれた。

「(大阪拘置所に収監される）ストレッチャーに乗ってるときの、あのギラってした目。あまりにもこの写真とかけ離れてる。だから同一人物とは思えません。この顔見ると、別の世界の出来事が起きちゃったみたいでね、いろんなことが起きすぎちゃったね。なんて人生なの……」

主婦は幼い頃の青葉をよく覚えていた。

「小学校のときは明るい元気な子。うちの子供とも遊び仲間でした。親として、最初の子供に友達ができるってすごく嬉しいじゃないですか。近所に遊ぶ子もいなかったから、それですごく嬉しくて。ここの小学校は学区が細長いんですよね。うちは南のいちばん外れで、長男がまだ友達があんまりできていなかったときで、この端っこの学区まで見たことのない子が遊びに来たので、すごく印象に残っていたんです」

主婦は続けて苦悩を語る。

「長い間にいろんなことがあったんだね。事件を起こす前までは同情の余地があるけど、あの事件を起こしたら、全く同情の余地はないよね。そういう環境でも、あんな事件を起こさない人はいっぱいいる。そうでしょ。そういうふうに生きてきたんだよ、みんな。どんな苦しいことがあったって。変な言い方だけど、自分で死んでしまったほうが。逆恨みみたいなことはしちゃいけないよね」

主婦が言う〝そういう環境〟とは青葉の複雑な家庭環境である。付近で暮らす、青葉の父親を知る元食料品店経営者は言う。

「親父さんとは何回か会ったことあるけど、普通の人だよ。別に印象も何もねえよ、単に普通の人。仕事はタクシーの運転手。羽振りは良かったよ。結構、稼いでたみたいで」

日を置いて、父親の地元・茨城県常総市《じょうそうし》を取材すると、彼の奔放な性格が見えてきた。

「あそこに父親の実家があったんだよ」

大きな田畑の中に建てられたアパートを指差し教えてくれたのは、青葉家と縁戚にあたる初老の男性だ。

「青葉の親父が家を出て、奥さんと6人の子供はそこに暮らしていたんだけど、なんか勝手に土地を売っちゃったみたいでね。急に立ち退きさせられてこの地からいなくなりましたよ。それから見てないですね。もう40年近く」

青葉の父親は青葉の実母と結婚する前、前妻との間にできた6人の子供がいた。農業を営む傍ら、幼稚園のバス運転手もしていたらしいが、生活に困窮していたことは容易に想像できる。

取材を進めるうち、青葉の実母は、父親とは子供を通じて知り合った幼稚園の教諭で、不倫の末に駆け落ちしたことがわかった。2人はほどなく結婚し、やがて青葉を含めた3人の子供が誕生。家族5人で件の古びたアパートで暮らすようになる。

前妻との間に生まれた兄弟の1人にも話を聞くことができた。

「事件が起きて、義理の弟が起こした事件と言われても何もピンとこなかったです。自分は父親の記憶もないし、父親が生きているのか死んでいるのかも知らない。関係ないというのが感想です。そうやってずっと生きてきましたから。兄弟で父親の話をすることもないです」

母が女手一つで6人を育てるのは相当に無理があったようで、養子に出された兄弟もいたという。果たして父親は、前妻や前妻の子に対し、支援の類はもちろん、会いに行くことすらなかったそうだ。

青葉が、さいたま市緑区内の2軒目のアパートで暮らしていたとき、両親は離婚。実母と長男、青葉と父親と妹に分かれ、それぞれ別々で暮らしはじめる。やがて青葉は、さいたま市内の中学に入学。当時まだ天真爛漫だった彼に変化が起きたのは1991年のことだ。

「親父さんが事故やっちゃってから、収入がなくなったんだよね」

近所で暮らす初老の男性が言うには、タクシーの運転手をしていた父親が勤務中に人身事故を起こし大けがを負ったそうだ。

「事故が原因で会社をクビになって、一時フラフラしていたみたいね。私が印象に残っているのは、よく親子喧嘩をしてましたよ。うちのほうまで聞こえる大声で怒鳴り合うような」

収入が途絶え、生活は荒れた。親子間での衝突も絶えない。こうした家庭環境は青葉の学校生活にも影響を及ぼす。

「別に挨拶をするわけでもないし、ただ黙って暗かったよ。暗かった」

「明るいことはないね。いつも下向いてね。そうかといって遊びに出るわけじゃないし、友達だっていなかったんじゃないかな」

中学の同級生たちから語られたのは、学校での孤立である。青葉の心はこの頃から殺伐としていく。ところが、中学を卒業して埼玉県内の定時制高校に通いはじめると、埼玉県庁での文書集配アルバイト仲間の、同じ高校の同級生2人と仲良くするなど、一見、平穏な日々を取り戻す。

職場の上司は語る。

「とても真面目な好青年で、トラブルは全然なかったですし、職場でも仲良く働いていました。その仕事ぶりとかを見ている限りでは、素直ないい大人になっていくのではないかなと」

〝真面目な好青年〟になった青葉が、上司の見立てどおりの人生を歩んでいれば問題はなかったのかもしれないが……。

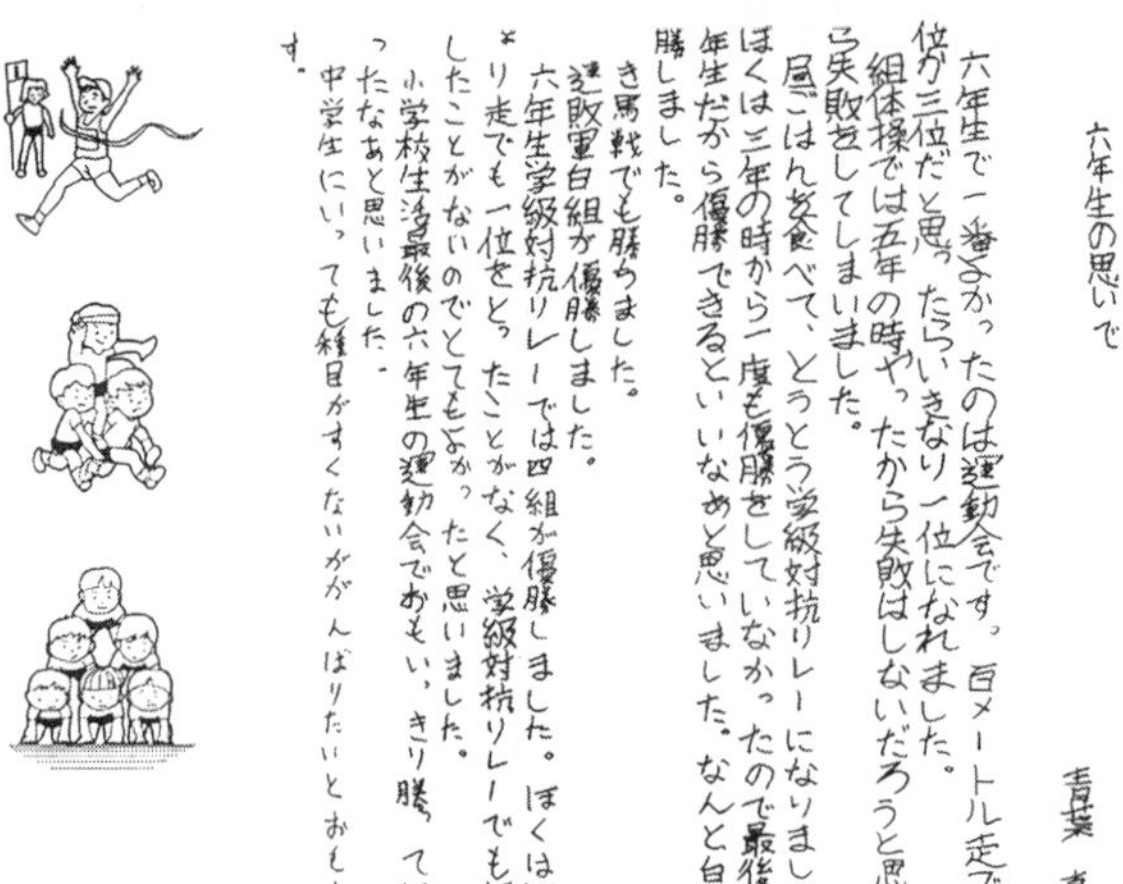

六年生の思いで

青葉　真司

六年生で一番よかったのは運動会です。百メートル走では二位か三位だと思ったらいきなり一位になれました。組体操では五年の時やったから失敗はしないだろうと思ったら失敗をしてしまいました。

昼ごはんを食べて、とうとう学級対抗リレーになりました。ぼくは三年の時から一度も優勝をしていなかったので最後の六年生だから優勝できるといいなあと思いました。なんと白が優勝しました。

き馬戦でも勝ちました。運敗軍白組が優勝しました。

六年生学級対抗リレーでは四組が優勝しました。ぼくは短きょり走でも一位をとったことがなく、学級対抗リレーでも優勝したことがないのでとてもよかったと思いました。

小学校生活最後の六年生の運動会でおもい、きり勝ってよかったなあと思いました。

中学生にいってもを種目がすくないかがんばりたいとおもいます。

上／天真爛漫だった小学校低学年の頃の青葉（左）。下／小学校の卒業文集。6年生の運動会の100メートル競走で1位になったことを誇らしげに記している

上／一家5人で暮らしていた、さいたま市緑区のアパート
下／両親離婚後に父、妹と転居した同区のアパート

犯人だけが生き残っている

高校卒業後、青葉は定職には就かず、コンビニでアルバイトを始めた。人生で最大のターニングポイントとなる事件が起きたのは、1999年12月、埼玉県春日部市内でひとり暮らしをしていた頃である。前出の初老の男性が語る。

「うちの2階から青葉家の部屋が見えるんですよ。畳の部屋が血だらけになってたから、首つりとか、そういうのじゃないね」

方法はわからないまでも、父親がさいたま市緑区のアパートで自ら命を絶ったのだ。そして、実父の自殺は一家の崩壊を招く。自宅近くの公園の隅で青葉の妹が、暗澹たる思いに苛まれながら猫に餌をあげている姿が近隣住民に、頻繁に目撃されていた。

「本当によく見かけるものだから、『優しいのね』って声をかけたら、『私のことなんて誰もわかってくれない』って言うんですよ。なんか危機迫っているというか、そんな感じで」

なぜ父親は自殺したのか。息子と娘を残してひとりでこの世を去る。なぜそんな選択をしたのか。

「タクシーで事故を起こしてから、お父さんのやる気がさ、生きていく気力がなくなっちゃったんじゃないの」

前出の初老の男性は推測する。彼が言うように、父親は事故を契機に奔放の域を超えてしまったのである。勝手なまでに彼だけがラクになる道を選んだのかもしれない。

「葬儀は寂しいものでした。このへんの葬儀は、親戚とか隣近所のお手伝いもいただいて粛々と執り行われるんですが、そういった方たちもいなくて」

葬式をあげた住職は言った。喪主は、青葉ではなく離れ離れになっていた長男で、青

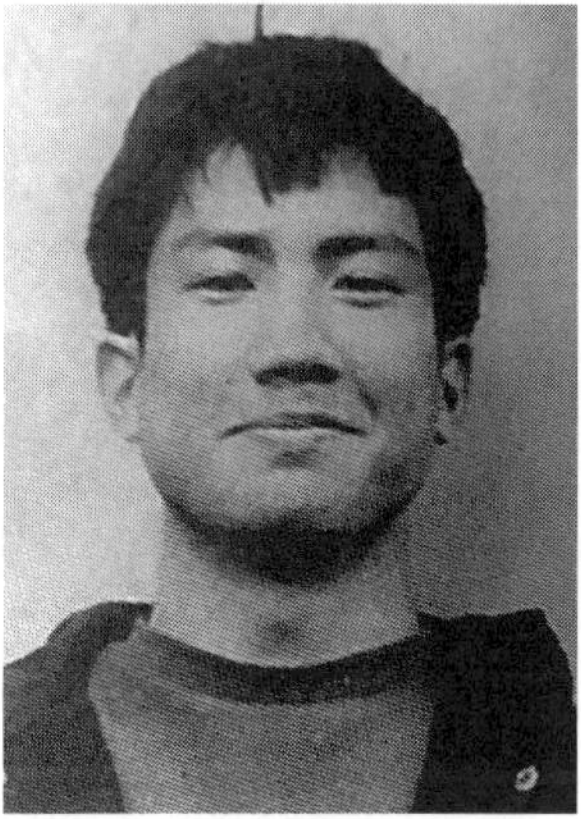

中学3年(上)と高校3年時の青葉
(卒業アルバムより)

葉や妹の姿は記憶にないという。仕事をなくし体も壊す。また葬儀には親戚も現れず。おそらく長男や、前妻を頼ることもできなかったか、頼るも門前払いされたのだろう。自殺は、拠り所をなくした果てのことのようだ。

父親の死後、アパートの家賃は滞納され続け、同居していた妹は人知れず姿を消す。近隣住民によれば、以前はバイト先である近くの弁当屋に向かう姿を「よく見かけた」という。

弁当屋を頼りに消息をたどると、前アパートから車で5分ほど走った場所に妹は引っ越していた。錆びついたトタンのボロ屋が並ぶ一区画。貧民窟だ。人の気配はなく、呼び鈴を押しても応答はない。室外機の上に古びた地方紙が重なり、家の周りはゴミだらけである。

真裏に住む女性は言う。

「16年前くらいに住みはじめたみたい。付き合いはほとんどありませんでした。で、そういえば姿が見えないなって。いつ出ていったのかもわかりません。みんな置いたままで。夜逃げみたいな感じです」

「その後、誰か他の人が住まれたんですか？」

「そのままになっています。大家さんも勝手に片づけたり、処分できませんからね」

「妹さんの消息はご存じですか？」

「……実は妹さんも自殺したんですよ」

父親の死から5年後の2004年、事もあろうに妹までもが自ら命を絶っていた。私は、ある人から彼女が暮らしていた部屋を撮影した写真を見せてもらった。そこに写っていたのは、家具や家電はそのまま、足の踏み場もないほどにゴミが散乱する様子である。父親の後を追うように自死した妹の内側には、どんな心的情景が広がっていたのか。部屋が惨状を呈していたことから、精神がひどく蝕まれていたに違いない。


わずか5年の間に2人の肉親を失い、天涯孤独に陥った青葉は、ついに自暴自棄とも言うべき行動に出る。妹の自殺から2年後の2006年9月、春日部市内で女性の下着を盗み逮捕されたのだ。このときは執行猶予付きの判決が下されたが、6年後の2012年6月には、茨城県坂東市内のコンビニエンスストアに包丁を持って押し入り、現金2万円を強奪。強盗及び銃刀法違反の疑いで逮捕され懲役3年6月の実刑判決を受ける。

青葉はこの頃、茨城県内の雇用促進住宅に住んでいた。警察立ち合いのもとで部屋に入った管理人によれば、妹の住まい同様、彼の部屋もゴミ屋敷と化していたそうだ。強盗事件については「仕事上で理不尽な扱いを受けるなどして、社会で暮らしていくこと

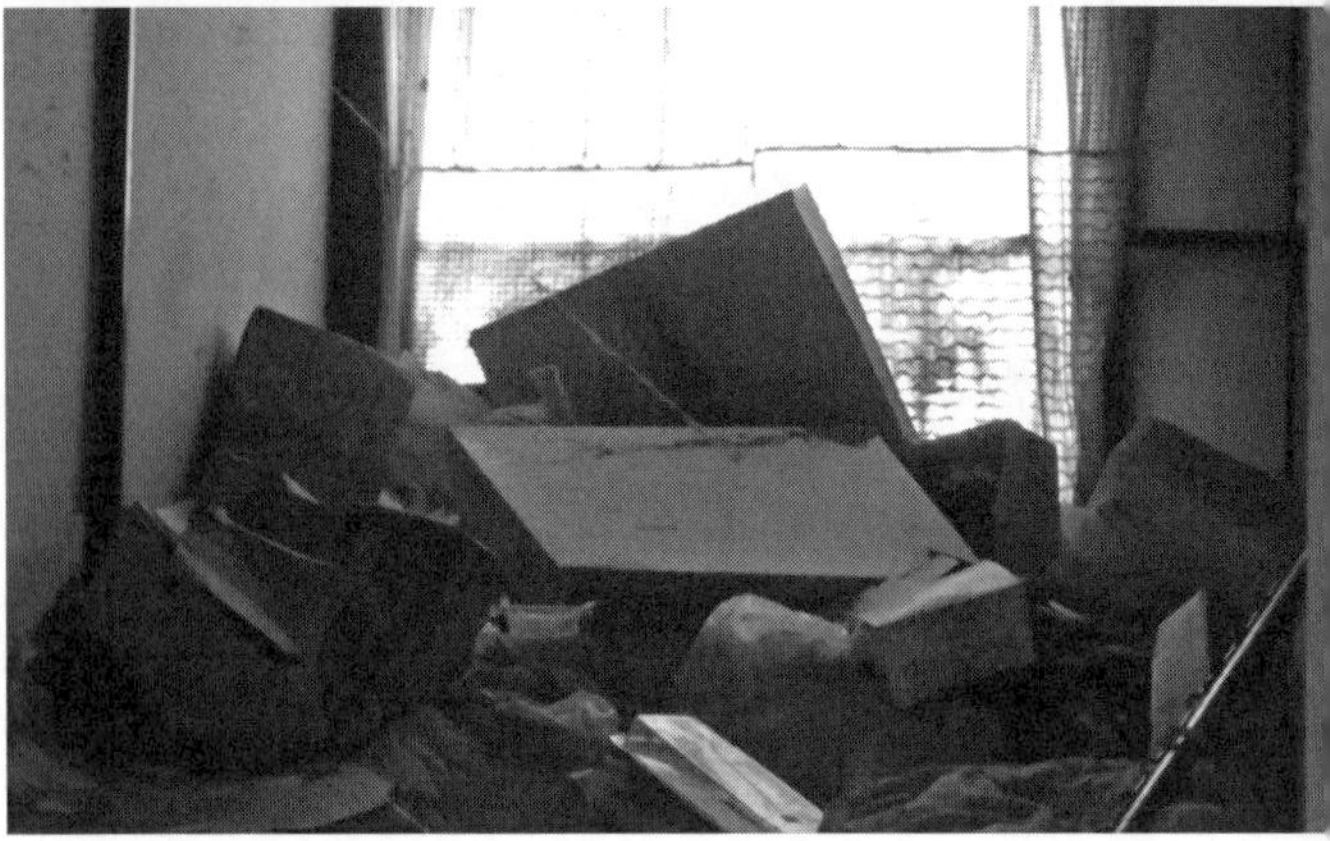

父の自殺後、妹が1人で住んでいたアパートとその室内。
部屋の中はゴミ屋敷と化していた

に嫌気が差した」と供述。服役中は刑務官に繰り返し暴言を吐いたり、騒いだりして、精神疾患と診断されている。2016年1月に出所したあと、生活保護を受給しながら、さいたま市のアパートで暮らしていたが、音楽を大音量で流すなどの奇行が目立ち、住民とトラブルになっていた。事件直前の夜に青葉が発した「黙れ！ うるせえ、殺すぞ。こっち、失うもんねえから！」という言葉が思い出される。

その後、薬物療法を受け一時期はさいたま市浦和区にある更生保護施設にいたが、敷かれたレールに乗れば更生するとは限らない。いや、むしろ己の人生は両親や社会からのリンチだと悟ったのか、憎悪の火に油を注いだだけだった。

凶行の日は、出所から3年半が過ぎた2019年7月18日のことだった。数週間前には、事件現場に持ち込まれた包丁6本をさいたま市内の量販店で、前日午前にはホームセンターでガソリン携行缶や台車を購入し犯行に及ぶ。ガソリンを撒き、ライターで火をつけ、京都アニメーションの第1スタジオは炎の海と化した。

青葉は自身の衣服にも引火した状態で逃走したが、現場から南へ100メートル離れた路上で火災被害から逃れた2人の男性社員に取り押さえられる。ほどなく駆けつけた京都府伏見警察署員が身柄を確保し、病院へと搬送。危篤状態にありながらも奇跡的に快方に向かったことで2020年5月27日、殺人・殺人未遂・現住建造物等放火・建造

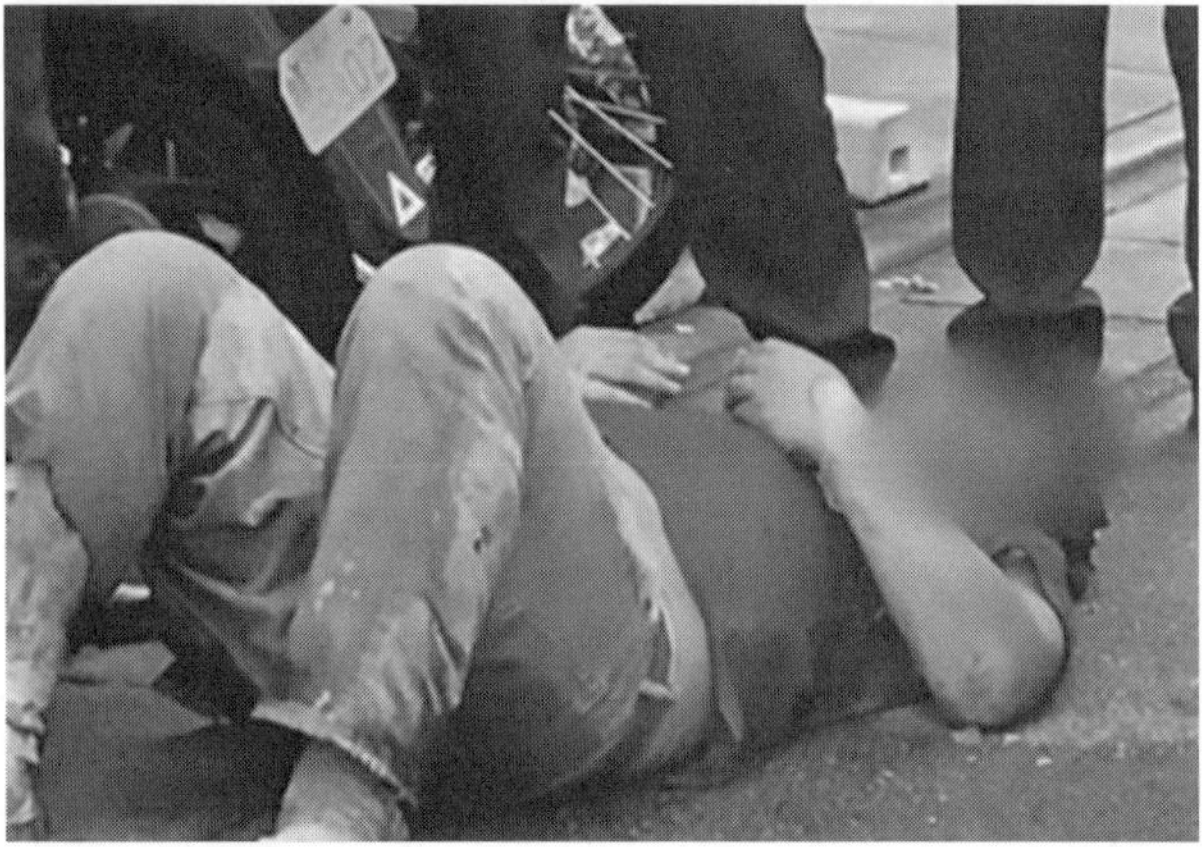

犯行当日、防犯カメラが捉えた青葉(上)と、
ヤケドを負って逃走し路上で拘束された際の様子(『ANN NEWS』の映像より)

物侵入・銃刀法違反で逮捕となった。建物は全焼。死亡者36人。負傷者35人。殺人事件では戦後最多の死者数を出しながら、奇しくも当の青葉だけは生き残っている。

青葉の半生を綴ったユーチューブ動画を公開すると、青葉をよく知る男性から連絡があり、私はさらなる負の連鎖を知らされることになる。

「実は青葉の兄も自殺しているんです。5人家族のうち父、兄、妹が自死を選び、母親は離婚後に別家庭を持ったため疎遠に。そのことをどうしても伝えたかったのです」

2020年12月16日、青葉は前述の5つの罪で京都地検より起訴される。犯行動機などについては、身柄を確保された際に「俺の作品をパクりやがったんだ！」と声高に叫んだことからして、京都アニメーションに大きな憎悪を抱いていたことは明らかだろう。実際、青葉は京アニ主催の『京都アニメーション大賞』へ小説を応募していた。だが同社は、彼の小説は形式的な一次審査で落選していたと説明し、そのうえで「盗用の余地はなかった」と反論する。

前出の青葉をよく知る男性は言う。

「もちろん青葉の起こした事件は許されることではないけれど、青葉という人物がなぜ生まれたのか正しく伝えてほしいんです」

犯行動機を京アニへの逆恨みだけとし、凶悪犯の半生を知ることなど無意味で空虚なこととは、私も思わない。社会のセーフティネットを見直す一助になればと期待する。だから書いた。できるだけ余さず青葉を、一家を記した。果たして、青葉は裁判で何を語るのか。

後の教訓のため、控訴し発信を続けたい

事件から約4年が経った2023年9月5日、京都地方裁判所で初公判が開かれた。警備を理由に法廷の訴訟関係者と傍聴席の間に透明のアクリル板が設置され、被害者や遺族も見守るなか裁判が始まったのは午前10時半過ぎのこと。そこに車椅子に乗り上下青のジャージにマスク姿で髪を丸刈りした青葉が現れる。

冒頭、裁判長が起訴された内容に間違いかないかどうか尋ねると、青葉は視線を逸らず答えた。

「間違いありません。当時はこうするしかないと思っていた。こんなにたくさんの人が亡くなるとは思っておらず、やりすぎだった」

「当時はこうするしかないと思っていた」という言葉から鮮明に思い出すのは、京都第一赤十字病院へ搬送される前、タンカーに横たわったままカメラの方向をギロリと睨む

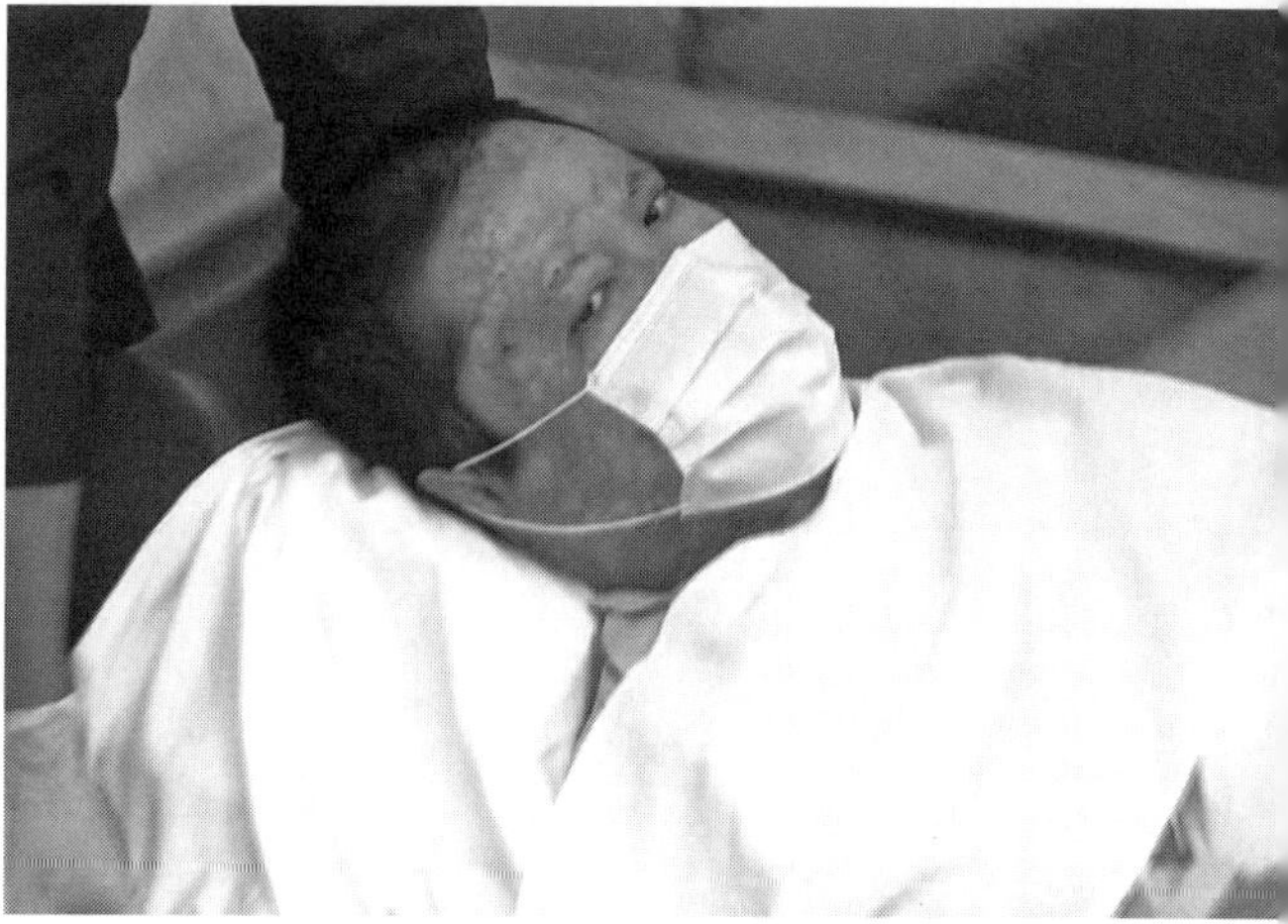

2020年5月27日、タンカーで病院へ運ばれる青葉

青葉の姿を捉えた1枚の写真だ。このとき青葉は全身の93%にやけどを負い瀕死の状態だったとされる。皮下組織まで傷害が及んでいたことで、神経や血管も火傷でやられていたと予想されるため、痛みの感覚もなかったに違いない。血の通いがないかのように皮膚が白色の反面、眼光鋭き青葉の姿は、膨れ上がる京アニへの憎しみを描き出していたと言っていい。

青葉は起訴内容を「間違いありません」と認めた。一方で、「こんなにたくさんの人が亡くなるとは思っておらず、やりすぎだった」と、意図した放火殺人ではないかのように続けている。この状況は、いかにもいびつである。

果たして、このまま罪を全面的に受け入れるのか、それとも情状をもとに争うつもりなのか。

青葉の弁護人は「良いことと悪いことを区別して犯行をとどまる責任能力がなかった」と、問題の根っ子は別にあるとして、精神障害を理由に今後の裁判の展開が無罪にかじを切るよう議論を仕かけていった。

検察官は「被告には完全責任能力があった」理由として、京アニのアニメに感銘を受けて小説家を志し、自らの小説を京アニに応募したが落選し、アイデアを盗まれたという妄想を募らせていった。事件の1ヶ月前に、投げやり感や怒りを強め、埼玉県の大宮駅前に行き無差別殺人を起こそうとしたが断念した。その後、人生がうまくいかないのは京アニのせいだと考えて筋違いの恨みによる復讐を決意したことに言及した。対し、弁護側は、青葉の不遇な半生を下敷きに「人生をもてあそぶ闇の人物への対抗手段、反撃だった」と語り、責任を問えるかどうかと反論する。青葉の公判は、責任能力の有無や程度について集中的に審理が行われることになった。

こうして進んだ裁判員裁判や加熱する報道の中で、私の知らない青葉の半生も明らかになった。「誰にも頼らず一人で生きていこうと決めていました」と公判で語った青葉は、実父の自死をきっかけに埼玉県春日部市内で一人暮らしを始めた。コンビニのアルバイトで食いつないでいたが、人間関係に疲れて無職になり、自宅の電気やガス、水道まで止められるほど生活に困窮。ついには女性の下着を盗んで逮捕され、執行猶予付きの有罪判決を受ける。

その後は派遣の仕事をしていたが長続きせず、2008年末、雇用促進住宅に移り住んでいた。雇用促進住宅の管理人は、メディアから「緊急入居なんですね？」と尋ねられ、次のように話している。

「そうですね、このときはホームレスだったので」（2024年1月24日放送、関西テレビNEWS）

この話から当時、青葉が絶望的な状況に陥っていたものと想像される。そんななか、京都アニメーションの作品『涼宮ハルヒの憂鬱』に出会い、感銘を受ける。そこから事件を起こすまでの道のりは、小説家になって社会に一矢を報いることだけを心の支えにしていたのだろう。そして、ついに作品を完成させた青葉は、京アニのコンクール「京都アニメーション大賞」にタイトル『ナカノトモミの事件簿』『リアリスティックウエポン』の小説2作を応募する。が、結果は落選。

「自分の小説のアイデアが盗まれている」

ひるがえって突きつけられたのは、青葉からすれば「盗作」の腹立たしい現実だった。自分は落選によって望みが絶たれたのに、盗作された事実は、誰もわかってくれない。屈折した感情と言わざるを得ないが、唯一の道が経たれ極度に神経を尖らせながら京アニ作品を見ていた青葉は、最終的に敵の牙城を崩さねばと考えるようになっていく。

「どうしても許せなかったのが京アニだった気がします。パクったりをやめさせるには、スタジオ一帯を潰すくらいのことをしないと、という考えはありました」（公判の証言より）

裁判では、本書の親本である『日影のこえ』の記述の誤りも明らかになった。

〈父親の死から5年後の2004年、事もあろうに妹までもが自ら命を絶っていた〉

〈実は青葉の兄も自殺しているんです。5人家族のうち父、兄、妹が自死を選び、母親は離婚後に別家庭を持ったため疎遠に。そのことをどうしても伝えたかったのです〉

私は、裁判が始まる前に青葉の周辺を取材し、このように書いた。十分な裏付けのもとに青葉の兄と妹の死を伝えたつもりでいた。しかし、実際には2人は生きているという。ここに深くお詫びし、訂正したい。

２０２４年１月25日、判決公判で京都地裁の裁判長は青葉にこう述べた。

「被告は、孤立して生活が困窮していく状況の中で京都アニメーションが小説を落選させたうえにアイデアの盗用を続けて利益を得ていると考え、恨みを強めた。そして、放火殺人までしないと盗用が終わらないなどと考え、本件犯行を決意し、京都に行くことを決めた。

（中略）事件の直前、実行するかどうか何度もしゅん巡したが、どうしても許すことはできないなどと考え、バケツ内のガソリンをかなりの勢いで従業員の体や周辺に浴びせかけ『死ね』とどなりながら火をつけて36人を殺害した。

（中略）過去にガソリンが使われた事件を参考にした放火殺人という手段は、性格の傾向や考え方、知識などに基づいて被告がみずからの意思で選択したもので、妄想の影響はほとんどない。

（中略）犯行を思いとどまる能力が多少低下していた疑いは残るものの、よいことと悪いことを区別する能力や、その区別にしたがって犯行を思いとどまる能力はいずれも著しくは低下していなかった。

（中略）36人もの尊い命が奪われたという結果はあまりにも重大で悲惨だ。炎や黒煙、熱風などに苦しみ、その中で非業の死を遂げ、あるいは辛くも脱出したものの生死の境をさまよった被害者たちの恐怖や苦痛などは計り知れず、筆舌に尽くしがたい。36人の従業員は設立当初からのベテランや京アニに憧れアニメーターになるため入社したばかりの人など、全員一丸となって丁寧に愛情をもってひとつひとつの作品を制作していた将来への希望を持つ方々で、無念さは察するに余りある。遺族たちの悲しみ、苦しみ、喪失感、怒りは例えようのないほど深く大きく極刑を望むことも当然だ」

そして、最後に「被告は心神喪失の状態にも心神こう弱の状態にもなかった」として、青葉に対して「死刑」を宣告する。

青葉の弁護士は26日、判決を不服として大阪高裁に控訴した。同日、朝日新聞の記者・戸田和敏氏が、青葉に大阪拘置所でインタビューを行い記事にしている。

――判決から1日経過したが、いまの心境は

「自分がやったことの責任はある。重く受け止めたい」

――法廷で死刑と聞いた瞬間の心境は

「人間なので、やはり極刑を下されてショックを受けないことはない。厳粛に受け止めたい」

――控訴して裁判を続けていくつもりか

「(裁判を)続けないと発信もできないので控訴するつもりです」

――何を発信したいのか

「こういう事件を起こした一人として、（一審の）裁判で全部話していくことにしたが、後に教訓にしていただきたい部分が少しある」

極刑を下されてショックを受けたが、死刑になった以上、何かを隠しながら生きていくのはどうかと思い、これまでの面会拒絶から一変、こうして取材を受ける心持ちになったそうだ。

自分が起こした事件と社会との関係については、次のように答えたそうだ。

「最終的に我慢の限界を超え、自分みたいな事件を起こす人が出てくるかもしれない。どうしようもないと思います」

私は思う。さらに裁判が続く見通しになったことで、「（控訴はせず）今回の判決を受け入れてほしいと思います」と語った被害者遺族の気持ちが深く傷ついてはいないか。今後発する青葉の言葉が「教訓」ではなく「無敵の人」を生むきっかけになりはしないか。そんな懸念を抱く一方、「（裁判を）続けないと発信もできないので控訴するつもりです」と語った本人の言葉に、これまでの不遇な人生を塗りつぶすかのように世間と関わりを持ちながら生きたいと強く願う、青葉の執念を見た。

八王子中2女子いじめ自殺事件

この世界が、もっと不登校にやさしい世界だったら

事件の涙

その下り快速電車は新宿、吉祥寺を過ぎてＪR西八王子駅に向かっていた。２０１８年8月28日16時23分過ぎ、先頭車両がホームに差しかかる。このまま減速、停車して乗客たちの乗り降りを促すアナウンスが流れる、はずだった。

だが、電車は急停車する。周囲に響いた「ギギギギッ」と金属が激しく擦れ合う、誰もが耳を塞ぎたくなるようなノイズが事の重大さをより増幅させる。直後、車掌のアナウンスが流れた。

「ただいま人身事故が発生しました」

ホームから線路内へ飛び込み自殺を図ったのは永石陽菜《ながいしひな》（当時13歳）、中学2年生の少女だった。

陽菜の友人（19歳）は、この日を忘れもしない。

「たまたまバイトの帰りで、車でお母さんが迎えに来て、車に乗ったとき陽菜ちゃんが飛び込み自殺で亡くなったって聞いて。正直、半分嘘だと思っていて、状況がつかめなくて」

2歳年下の陽菜とは、何らかの理由で学校に行くことができない者たちが集うボランティア団体で知り合った。不登校の末に流れ着いたという、同じ悩みを共有しあえるからなのか、2人はすぐに打ち解けた。実は彼女も当時、自殺を考えていた。だが、いざ

電車に飛び込み、わずか13歳で命を絶った永石陽菜

駅のホームに立つと、悲しむ両親の顔が思い浮かんで踏みとどまり、今がある。もちろん、時間を巻き戻すことなどできはしない。ただ後悔だけが残っている。

「状況を知っているからこそ、無理やりにでも陽菜ちゃんのそのバリアを破って、少しずつでもいいから心を開いてもらって話を聞いてあげて、逃げ道を作ってあげたかった。気づいてあげられなくてごめんなさい」

何があったのか。どれほど追いつめられていたのか。陽菜の胸中は友人さえも知らなかった。

夏休みも終わりに近づき、暑さはずいぶん弱まったあの日、陽菜は自室の机に、両親に宛てた便箋2枚の遺書を残して家を出た。

〈お母さん お父さんへ　これを読んでいるという事は、私が死んだって事ですね〉

遺書は、どこか他人事のような書き出しで始まる。しかし、なぜ自殺したのか、電車のホームに飛び込んだのか、その理由ははっきりと書かれていた。

〈最後まで迷惑かけてごめんなさい。ずっと言っていなかったからここでいうけど、中1の時、学校に行かなくなったのは、部活が理由です。ずっと部活で仲良くしてた子に無視されたりしたのは悲しかったたし辛かった。LINEのステータスメッセージとかでわるくいわれるのも全部私がわるいくせにおちこんで悲しんだ。先輩ともめたりした時も、だれもたすけてくれなかったなって思う〉

後半は、自責の念に駆られる少女の、心の叫びだ。

〈それで転校することになって、行ったけど人見知りで、ぜんぜんうまくいかないし、そんな仲良くなれなくて、ちゃんと行くからって言ったのに、行けなくて、くやしかったし、そんな自分がイヤで、本当に自分がキライになった。口だけの負け犬でごめんなさい。私が普通の子でたくさん友達がいて、ちゃんと学校に行ってる子だったら、幸せだったのかな。ろくでもない子どもでごめんなさい。学校も行けない弱虫でごめんなさい。私もそんな私が大キライです〉

そして陽菜は絶望の淵から這い上がることなく、社会の矛盾と葛藤し、最後は父親への感謝の言葉で締める。

〈もっと不登校にやさしい世界だったらなって、あまえて思ってしまうこともあります。義務教育って大切なことわかるけど、学校に行かなきゃダメかな。塾とかじゃだめなのかなって思う。でもお父さんは私に学校毎日ちゃんと行ってほしかったよね。行けなくてごめんなさい。ここまで育ててくれてありがとう。長生きちゃんとしてね〉

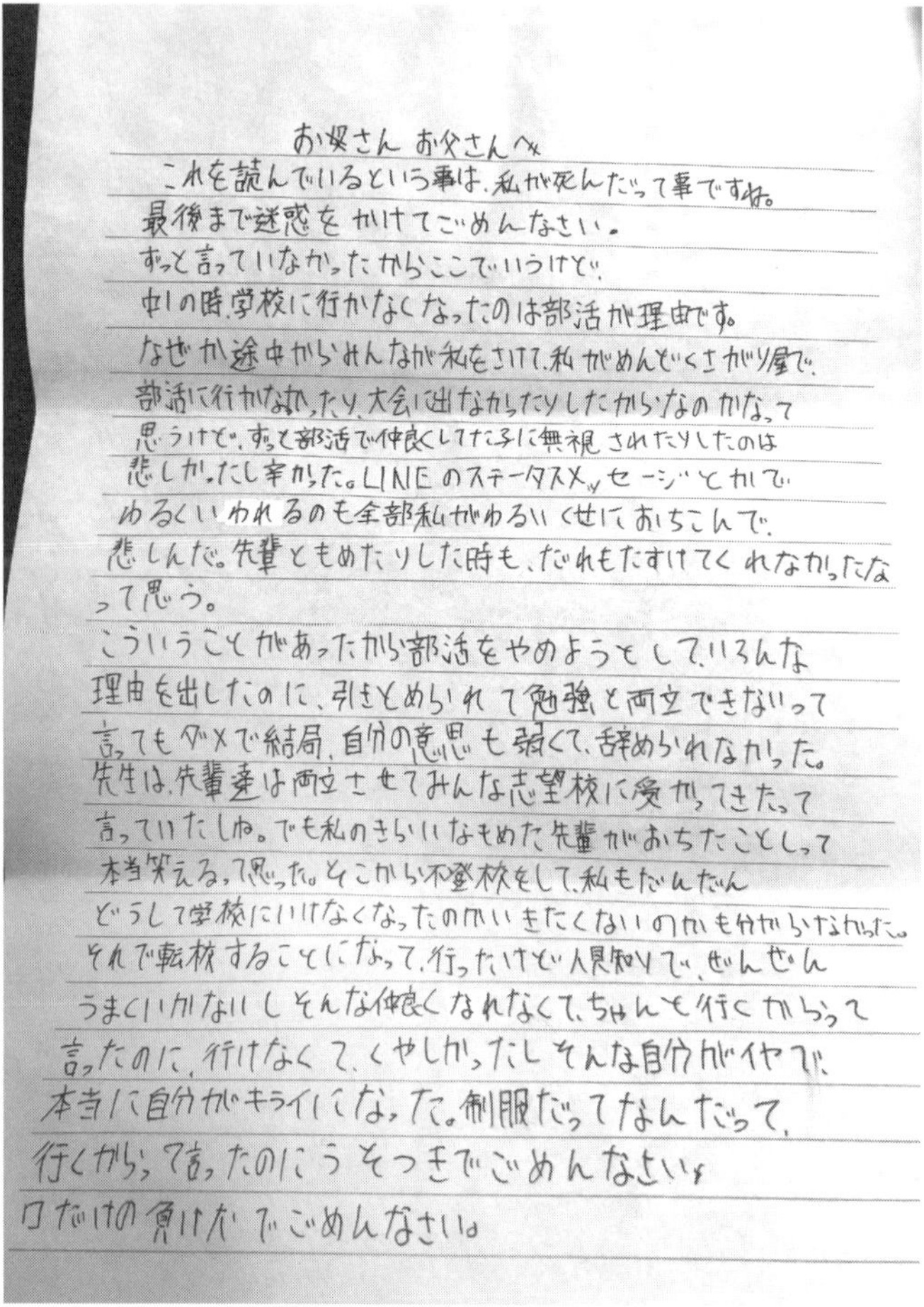
お母さん　お父さんへ
これを読んでいるという事は、私が死んだって事ですね。
最後まで迷惑をかけてごめんなさい。
ずっと言っていなかったからここでいうけど、
中1の時、学校に行かなくなったのは部活が理由です。
なぜか途中からみんなが私をさけて、私がめんどくさがり屋で、
部活に行かなかったり、大会に出なかったりしたからなのかなって
思うけど、ずっと部活で仲良くしてた子に無視されたりしたのは
悲しかったし辛かった。LINEのステータスメッセージとかで
わるくいわれるのも全部私がわるいくせにおちこんで、
悲しんだ。先輩ともめたりした時も、だれもたすけてくれなかったなって思う。
こういうことがあったから部活をやめようとしていろんな
理由を出したのに、引きとめられて勉強と両立できないって
言ってもダメで結局、自分の意思も弱くて、辞められなかった。
先生は、先輩達は両立させてみんな志望校に受かってきたって
言っていたしね。でも私のきらいなもめた先輩がおちたこと知って
本当笑えるって思った。そこから不登校をして、私もだんだん
どうして学校にいけなくなったのかいきたくないのかも分からなかった。
それで転校することになって、行ったけど人見知りで、ぜんぜん
うまくいかないしそんな仲良くなれなくて、ちゃんと行くからって
言ったのに、行けなくて、くやしかったしそんな自分がイヤで、
本当に自分がキライになった。制服だってなんだって、
行くからって言ったのにうそつきでごめんなさい。
口だけの負け犬でごめんなさい。

家族宛てに残した遺書。便箋2枚に無念の思いが綴られている

私が普通の子でたくさん友達がいて、ちゃんと
学校に行ってる子だったら、幸せだったのかな。
ろくでもない子どもでごめんなさい。
学校も行けない弱虫でごめんなさい。
私もそんな私が大キライです。
学校が始まるのがこわいです。
行けてないから、この先のことをかんがえると、ものすごく
あせるし、ちゃんとしなきゃって思うけど、思ってるだけでなにも
できない。毎日「早く死にたい」って思ってた。
生きてて何が楽しいのかなって思った。
もっと不登校にやさしい世界だったらなって、
あまえて思ってしまうこともあります。
義務教育って大切なことわかるけど、学校に行かなきゃ
ダメかな。塾とかじゃだめなのかなって思う。
でもお父さんは私に学校毎日ちゃんと行ってほしかったよね。
行けなくてごめんなさい。
ここまで育ててくれてありがとう。長生きちゃんとしてね。

陽菜

できれば、最後までるんちゃん達、飼っててほしいです。

事故直後、警察から連絡を受けた父親・洋《ひろし》（当時57歳）は、駆けつけた病院の集中治療室で全く動くことがない娘の姿を見てこの1年間の出来事を思い出し、「こみ上げる怒りで震えが治まらなかった」と回顧する。果ては、陽菜は一度も意識が戻ることなく、約2週間後に息を引き取った。そして洋は娘の遺書を読み、「これは、ただの自殺じゃない。いじめが原因だ」と確信するのだ。洋がいじめを信じて疑わなかったのは、ちょうど1年前の2017年夏、沖縄への家族旅行を境に、陽菜から笑顔が突如として消えたからだ。沖縄の美しい海など数枚の風景写真を、陽菜が何気なく自身のツイッターに投稿すると、思いがけないことに周囲は不満の矛先を彼女に向けた。何がカンに障ったのか、なぜ先輩と揉め、親友に無視されるまでに発展したのか。いずれにせよ、いじめはここから始まった。

私はいじめ事件の取材経験が多くはない。自殺報道は、多くのメディアがWHO（世界保健機関）が策定した『自殺対策を推進するためにメディア関係者に知ってもらいたい基礎知識』というガイドラインを準拠しているからだ。ガイドラインには、後追い自殺を誘発させないため「報道と同時に相談機関を明記すること」「遺書を必要以上に公開しないこと」などが推奨されている。噛み砕けば「自殺した人をヒロインに仕立て上げるな」と言わんばかりの内容だ。ともかく、このWHOの取り決めにより、メディアは自殺問題に及び腰になる。

ために、当初は陽菜の事件をメディアが報じることはなかった。すでにネタを掴んでいた記者もいたが、ガイドラインがネックになっているからなのか、そっと矛《ほこ》を収めていた。

事実、事件は学校の不祥事を信じて疑わなかった洋が行政に調査を求め続けたことに対して、八王子市教育委員会が重い腰を上げて会見を開き、陽菜の死から2ヶ月以上が経過した11月に入りようやく表沙汰になる。以下は、その新聞報道である。

○中2自殺「いじめあった」八王子　市教委指摘、関連を調査

東京都八王子市の教育委員会は6日、記者会見を開き、市立中学2年の永石陽菜さん（13）が8月に自殺を図り、その後死亡したと発表した。3月まで在籍していた中学の部活動でトラブルがあったとする遺書を書いており、市教委は中学の内部調査を受け「いじめがあった」と認定した。今月中に有識者による第三者委員会を設置し、自殺との因果関係を調べる。市教委によると、陽菜さんは２０１７年8月、家族旅行で部活動を休んだことから、上級生から交流サイト（ＳＮＳ）で「どうして休んだ」と批判され、

不登校となった。（2018年11月7日　日本経済新聞）

事件はマスコミ各社により流布された。とはいえ会見の内容を報じるに留まり、詳細や続報が流されることはほとんどなかった。

教育委員会の見解をそのままタレ流しているとしか思えない記事群を読み、私はどうにも腑に落ちなかった。「どうして休んだ」とSNSで批判されただけで自殺に至るとは、到底思えない。そもそも、それは批判にすら当たらないのではないか。そして、この事件を取材しようと思ったのは、行政が、都合が悪いことが起きると問題をすり替えることをよく知っていたからだ。

スマホに届く罵詈雑言のメッセージ

それからしばらくして、私は陽菜の自宅を訪ねた。両親は「本日は遠くからありがとうございます」と深々と頭を下げて礼を述べ、洋が私の目を真っ直ぐ見つめて言った。

「第二の陽菜を出したくない。有耶無耶《うやむや》にしたくはないんです」

前述のように、教育委員会はいじめの引き金を「部活をさぼったから上級生が注意したこと」だとしていた。だが、洋は次のように話す。

「教育委員会も学校も、会見で本当のことなんて言ってないですよ。そもそもサボったわけでもなく、ちゃんと事前に理由を話して顧問から許可をもらっていたんです。あと『上級生に謝らせたから解決していたと思っていた』と説明していましたけど、あれも嘘です」

嘘に嘘を重ねる。よもや教育現場で起きたこととは信じられない。が、嘘は、そのまま真実かのごとく報道されていた。


〈自慢か〉

同じ陸上部の先輩（3年生、女性）からメッセージが届いたのは、陽菜が例の沖縄の写真を投稿した直後のことだ。いや、違う。堪らず彼女は〈**家族と来ているだけです**〉と理由を説明した。

〈**それが自慢っていうんだよ**〉

夏休みだというのに練習に明け暮れていた他の部員たちは、陽菜が自惚れていると捉えたようだ。特にその先輩は、迫る大会に向けての追い込み期間で疲労困憊だったためか、陽菜に強い皮肉を放ったらしい。

中学の同級生と

陽菜はスマホを手に怪訝な面持ちになる。洋はそれに気づいて娘に聞いた。

「何かあったの？」

陽菜から先輩との一連のやり取りが聞かされたが、さして気には留めなかった。しかし、陽菜にとっては相当のダメージだったようで、以後は海にも入らなくなる。

よもや、こんな些細なことからいじめが加速するとは、彼女自身、思ってもいなかっただろう。それは洋も同じだった。この沖縄旅行までは、少なくとも夏休み前の１学期までは、いじめの兆候など一切みられなかったのだ。

洋は目尻を下げて言う。

「女の子だし可愛いでしょって言われると、うん、かつ面白い子って。物事の表現がとてもユニークで、例えば打ち上げ花火の音を、普通はバンって比喩するところ、陽菜はボッコンボッコンって言うんです。学校へは欠かさず行き、空手やピアノなどにも自ら率先して取り組んでいました。友達も少なくないほうだったと思います。ほんと、笑顔の陽菜しか知りませんでしたから」

家族のアルバムには、陽菜の笑顔がたくさん収められていた。

陽菜は２００４年12月25日のクリスマスに３人兄妹の末っ子として生まれた。両親は初めての女児誕生に喜び、できる限りの愛情を注ぎ育てた。成績はさほど良かったわけではないが、運動神経が良く「とにかく足は速かった」と洋が言うように、中学に入ると陸上部に入部した。

「家では毎日、部活の話をしていました。記録はトップクラスで、同学年ではリーダー的な存在。周囲にうまく溶け込めていたようで、本人的にもこのまま頑張りたいと、いつも前向きでした」

ところが、あの日から、陽菜に対する部員たちの態度は豹変する。洋が続ける。

「沖縄から帰ったあとに部活に行くと、部員たち全員から無視されたと言うんですよ」

件の先輩が主導する形でデタラメを吹き込み、陽菜と仲良しだった同級生を含む部員たちに彼女を無視するよう仕向ける。この提案を、みんなが受け入れたのではないかと洋は予想する。多くの部員が戸惑ったに違いない。しかし、練習を通じて叩き込んだ先輩後輩の上下関係はその先輩に有益に働き、結果、無視がＳＮＳでの集団リンチへと推移したであろうことは推測がつく。同調圧力により、歯向かう者はいなかったのだ。

「真実はわからないけど、かなりつらかったんじゃないかな…」

異変に気づいた洋が陽菜に問い質すと、のちに娘の口からいじめの存在が語られた。

そしてある日、学校側と話し合いの場が持たれる。

「陸上部の顧問は、とりあえず本人に聞いてみるが『部内にそういう悪い生徒はいない』とシャットアウトするだけでした。陽菜は、行きはニコニコだったんですよ。これで解決すると思ったんじゃないですか。でも、これはダメだと感じたんでしょう。帰りはムスっとして口も聞いてくれませんでした」

このあと、いじめは止まるどころかエスカレートしていく。ツイッターを利用した陽菜の吊るし上げが始まったのである。彼女へ向けられた憎悪はSNS上に偏在した。もう毎日のように。

暗澹たる当時の思いを滲ませながら洋は言う。

「夕方、家族でご飯を食べてますよね。するとスマホにメッセージが届くんですよ。陽菜は『また来た』って言って不機嫌になる。あとから知ったんですけど、娘のアカウントが学校中に広まり、知らない人からも『クズ』とか暴言が届くようになったんです」

鳴り止まないスマホのメッセージに両親は再び学校を訪ねるが、部活の顧問は話の途中で席を立ったまま戻らず。担任にしても、不登校の児童生徒向けの学校への転校を勧められるなど、教育者たちは目の前で起きている事態に目を背けるばかりで全く取り合わなかったそうだ。

「もうこの学校はダメだと思いましたね」

陽菜のスマホに届いた誹謗中傷のＬＩＮＥメッセージ

洋が漏らしたあきらめに似た愚痴の真意を代弁するかのように、母・幸子は溢れ出る涙を隠そうともしない。2学期の中頃に陽菜は、ついに不登校になった。

不登校の子供を抱える保護者は、無理にでも学校に通わせようとする者と、子供の意思に任せる者とがいる。多くが後者を選ぶように、また陽菜の両親も子供に委ねて経過を見守ることにした。以前の明るい娘に戻ってくれさえすれば、それでいい。そもそも義務教育の義務は、子供が教育を受ける権利を主張したときに、それを拒否できない〝親の義務〟なのだから。

不登校の子供たちが集まるボランティア団体を見つけてきたのは、ほかでもない陽菜だった。

「家に引きこもっていた娘が、自ら行きたいって言ってきたんですよ。嬉しかった。送り迎えなど苦になりませんでした」

少しずつでいい。いつか以前の陽菜に戻ってほしい――。両親は心から願った。思いに応えるように陽菜が笑顔を見せるようになり、「学校に行きたい」と言うまで回復したのは、年が明けた3学期が始まる頃である。両親は悩み、判断した。いじめ問題は解決していない。このまま以前の学校に通わせることはできない。

陽菜は市内の、別の中学校に転校することになる。環境が変われば、もういじめられることはないのでは。また新しい友達たちと楽しく学校生活が送れるのでは。娘の幸せを願った最善の策である、はずだった。

だが、SNSを介した陽菜への中傷は、その後も止まらなかった。元気よく登校したかと思えば「行きたくない」と家で塞ぎ込む。陽菜の精神状態は一進一退を繰り返した。ただ、新たな環境のおかげか、以前より笑顔の数が増えたのは間違いない。となれば、推移を注意深く見守るしかないのか。

「そのまま2年生の1学期が終わり、夏休みになりました」

登校するプレッシャーから解放された陽菜は、ボランティア団体の集まりに参加するなど「夏休みを満喫しているようにも思えた」と、洋は言う。しかし8月28日、陽菜は期せずしてJR西八王子駅のホームに立つ、苦海に沈む胸の内を件の遺書に記して。

自宅の電話が鳴ったのは、その日の夜のことだ。

「八王子警察署の者です。陽菜さんのお父さんでよろしいですね」

なぜ警察から連絡が？　考えを巡らせるも思い当たるフシはない。

「陽菜さんが電車に飛び込み、意識不明の状態です」

突然の知らせだった。前日8月27日、陽菜は洋と一緒に買い物に出かけ、家族と食卓

ボランティア団体のイベントに参加し、
水上バイクを楽しんだ父と娘のツーショット

を囲んでいた。いつもと変わらぬ日常だった。

学校側の提示は「金銭を要求してください」

1年後の2019年8月30日、教育委員会の調査部会（第三者委員会）は「いじめはあったが、時間が経っていることからして自殺との関係はなし」とする報告書を公表した。

「もしかしたら、何か些細なことで陽菜にプレッシャーをかけていたのかもしれない。でも本当に思い当たることはありません。だから後悔が尽きることもないんです」

第三者委員会によるいじめ認定後も尽きない洋の後悔とは、学校側の対応である。いじめの元凶を根絶やしにしてくれていたら娘が自殺することはなかったのでは。なぜ、まともに取り合わず、そして未だにその不備を認めないのか。その後も訴え続ける洋に学校側は、あろうことか追い討ちをかけてくる。

「新任の校長が弔問に来るたびに『何か言ってください』って言うんです。『何かって、何なんですか？』って聞いたら『要求をしてください』と。『要求って何ですか？』って聞くと『だから、例えば金銭とか』って」

金の話が出るなど、洋からすれば寝耳に水だったことだろう。しかし、彼はあくまで一般論として言い返した。普通だったら成人式とか結婚式で２００万、３００万はかかるところ、娘は早くに死んだ。だから葬式も出さなきゃいけないし、晴れ姿を見ることもできなかった。

あまりのしつこさから嫌味たっぷり放ってやった、までだ。だが、父親から金の話が出ると校長は〝待ってました〟とばかりに「わかりました！」と声を弾ませ「そしたら」と続けた。

「副校長と部活の顧問を来させますので、そういうことを言ってください。私からも伝えておきますから」

確かにふたりは来た。おそらく校長から金のことを聞いてのことだろう。

「今回の件は自分たちが悪かった、そうふたりとも言ったんです。私は謝ってくれさえすればよかったんですが、お金のことについても、ふたりで払いますと」

ようやく学校側が非を認めた。洋は安堵する一方で、おそらく学校側は最初からいじめが自殺の原因であることを知っていたに違いないとも確信した。しかし、実はこの会談が、さらなる追い討ちとなる。

「こういった案件に関しては、個人が、先生だったりが、金銭で解決することはないんですよ」

副校長と部活の顧問はのちに教育委員会の人間たちを従えて自宅を訪れ、息巻いた。そのとき、娘を亡くした日以来に涙が出た。陽菜の死を何だと思っているのか。学校側は「以前の話って録音していませんよね」とまで言い出す始末だった。

通常、このテのことで個人から賠償金が支払われることはない。冷静に考えればわかることだった。ために、迂闊な発言だったことは確かだろう。だとしても、どこまで人をコケにすれば気が済むのか。学校側だけではない。いじめの主犯者までもが洋に屈辱を与えてきた。

「親から現金書留が届いたんです。謝罪か、せめてお悔やみが書かれた手紙でもあるのかと思ったら、他には何もない。馬鹿にされてるとしか思えないですよね」

中にはわずか現金5千円だけが収められていたという。

ありえない対応の連続に言葉を詰まらせた私の、どんよりとした空気を一変するかのように、洋は仏壇の脇から一台のスマホを取り出してきた。陽菜が愛用していたもので、電車に飛び込んだ際にも携帯していたという。

「最近、やっとパスワードがわかりました。中が見られるようになったんですよ」

ガラスは何重にも割れ、壊れているかと思われたが、電源ボタンを押すとスマホは起動し、凄惨ないじめが呼び覚まされるかのごとく、悪意に満ちたメッセージが画面に浮かび上がった。

〈消えろよ死ね〉

それは、いじめや学校側の対応の不備を、私が確信する瞬間でもあった。もはや事件だ。結果は自殺だが、ＳＮＳによるリンチが陽菜さんを殺したのだ。


八王子市立第六中学校。陽菜への悪意が渦巻いていた校舎である。黄昏時、ちょうど校庭で陸上部が練習をしていた。一心不乱に打ち込む者もいれば、友達と談笑しながらだらだら走る生徒もいる。かつて陽菜が語り合った同級生もいるはずだ。彼女はここで1年の夏まで過ごし、その後、不登校になりこの世を去った。が、何度見ても、日本のどこにでもある日常の一コマに過ぎない。こんな場所で、なぜ。私は全く理解できずにいた。

何気なく周囲を見回していると、あることに気づいた。ジャージを穿き、いかにもといった出で立ちで練習を見守る1人の男。間違いない。洋が語った容姿から察するに、男が陽菜を見捨てた張本人だ。教え子が部活内のいじめが原因で自殺していながら、のうのうと陸上部の顧問を続けられているだなんて。学校側に常識がないのか、はたまた本人が図太いだけなのか。

2019年9月、多摩市内にある菩提寺で陽菜の一周忌法要が執り行われた。私は久しぶりに陽菜の両親と再会した。学校関係者の参列者はひとりもおらず、両親は無下にされ続ける現実を受けとめられないでいるようだ。当然だろう。前述したように、一周忌法要の直前に、陽菜の自殺に関して八王子市が調査した報告書が公表され「いじめと不登校の間に直接的な関連性がある」と認定しながらも、「自殺との直接的な関連性は認められない」と結論づけられていたからだ。報告書はその根拠として、いじめ発生から亡くなるまで「一定期間が経過していたから」と記す。〝一定期間〟の裏で、どれほど陽菜が苦しんでいたのか。スマホに届く凄惨な言葉群に心を痛め、それでも彼女は必死に生き、家族も支えていたのだ。

「長引いたからいじめが原因とは認められない。それは違うだろうと。長引いたのは学校のせいでしょ。学校がちゃんとした対処をしなかったからでしょ」

そんな洋の思いとは裏腹、学校側の体質は変わることはなく、真実は隠蔽されようとしていた。

「こんな結論を出したら第二、第三の陽菜が絶対に現れる。もういじめで子供を亡くす社会は止めなきゃダメですよ」

両親はすぐに再調査を求めた。そして。

2021年5月14日に公表された第三者委員会による結論をまとめると、以下のようになる。

――いじめと、その後の学校の対応が自殺の原因。自死の直接の原因となった心理的苦痛等に一定の影響を与えたものと考えられる――

陽菜の自殺から3年近くもの時間を要したが、議論は煮詰まり、ついには旧態依然とした行政の秩序に抗う報告がなされたのである。だが、決して一件落着とはいかない。すでに成人しているはずの主犯、部活の顧問、担任、校長たちからの謝罪が未だにないのだから。

三島バイク交通死亡事故

夫を事故で亡くしても、私は被害者にすらなれなかった

事件の涙

帰宅ラッシュを控え、静岡県三島市萩《はぎ》の市道交差点は、いつものように交通量が増していた。乗用車が赤信号に列を作る。その横をすり抜け先頭に立とうとするバイクの集団。みな家路を急いでいた。悲惨な事故が発生したのは、2019年1月22日18時過ぎのこと。会社員の仲澤勝美《なかざわかつみ》（当時50歳）が青信号を確認してから原付スクーターで直進したところ、交差道路から赤信号を見落として交差点に進入してきた乗用車に衝突され、胸を強く打つなどして即死したのである。

ところが、地元紙は当時、警察発表を鵜呑みにしてこう伝える。

〈三島市萩の市道交差点で直進中の会社員渡辺さつきさん（46）の乗用車と、右折しようとした仲澤勝美さん（50）のミニバイクが衝突した。仲澤さんは胸を強く打ち、搬送先の病院で死亡が確認された。渡辺さんに怪我はなかった〉（2019年1月23日　静岡新聞）

赤信号を見落として直進してきたのは渡辺だったのにもかかわらず、彼女の「急に右折してきた」という証言を盲信し、ついには被害者である勝美を加害者であるかのごとく報道したのである。死人に口無しをいいことに、真実はねじ曲げられようとしていた。

取材に際し、まず私に勝美の妻・知枝《ちえ》は1冊のノートを見せてくれた。事件の詳細や

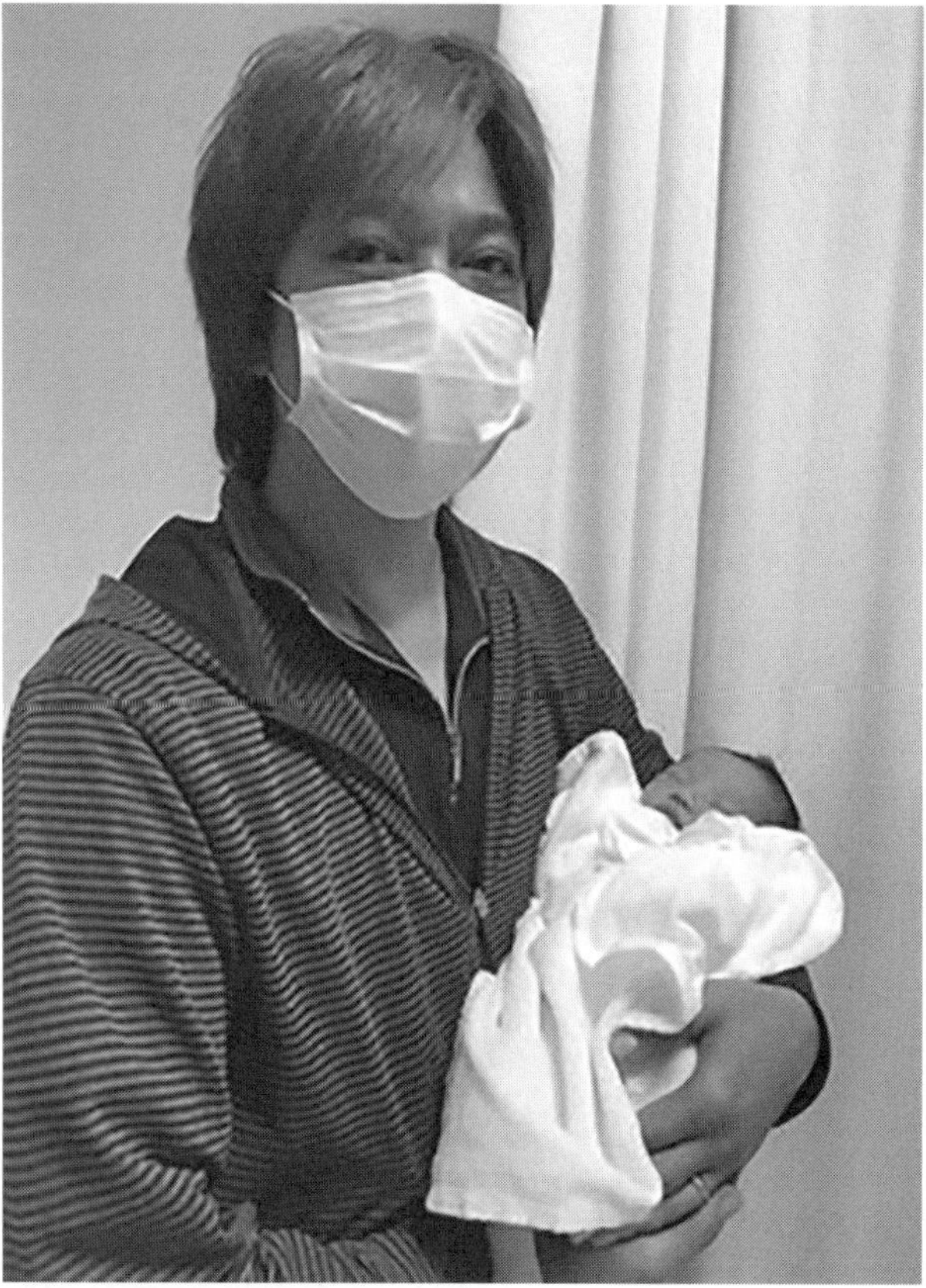

亡くなった仲澤勝美(享年50)。
写真は事故の3ヶ月前、生まれたばかりの孫を抱いた際に撮られたもの

警察の対応、裁判の粗筋などが書き留められているなか〈被害者になれない被害者〉という一文でページを捲る手を止め、憤懣やるかたない表情で訴えた。

「夫を事故で亡くしても、私は被害者にすらなれなかったんです」

証言を覆すため目撃者や防犯カメラにたどりつき、渡辺を過失運転致死の容疑で逮捕するまでには、警察の怠慢によりかなりの時間を要した。ばかりか、その間、社会の敵意は渡辺ではなく、勝美の遺族に向けられ続け、最後は司法の悪しき判例の犠牲者にすらなったのである。

事故が多発する交差点で急に右折するはずはない

静岡県三島駅。新幹線の駅から車で10分ほど走った場所に、遺族が暮らす集合住宅はあった。家の中に招いてくれた知枝。部屋には年季の入った家具が並ぶなど、家族が生きてきた面影が宿る。彼女は勝美とふたり、いまも遺骨を仏間に留め置くこの家で4人の子供を育ててきた。

「夫が事故に巻き込まれた萩の交差点。ここ、どんな場所だか知ってますか？」

彼女が問いかけた意味は、現場を一度見ただけの私ですら理解していた。誰もがスピードを出す見通しのよい一本道である。私が頷くと、自分に言い聞かせるかのように彼女は言った。夫は長年通い続けている。だから誰よりも道を知っていたし、注意もしていた。事故が多発する交差点で急に右折するはずはないんです――。

「ほんと、曲がったことが大嫌いでしたから」

彼女の証言に沿って事故当日を振り返る。

18時過ぎ。仕事を終えた勝美は、乗り慣れたスクーターに跨《また》がり帰途につく。職場を出る直前には、知枝に〈帰るね！〉とＬＩＮＥでメッセージを送っていた。勝美は、この妻への連絡を結婚してから28年間、一度も欠かしたことがない。

その日、夫婦の娘・杏梨《あんり》（当時26歳）が、3ヶ月前に生まれた2人目の孫を連れ三島の実家に戻っていた。勝美は孫に会えるのを心待ちにする一方で、がんに侵され闘病中である長男の勇梨《ゆうり》（同24歳）を何より気にかけていた。杏梨の里帰りはほかでもない、これから家族全員で勇梨の見舞いに行くためだった。

萩の交差点。ここを横切ればもう、自宅は目と鼻の先。信号は青になったが、勝美はすぐに走り出そうとはせず、一息入れてからアクセルを踏む。信号が変わるギリギリで突っ込んでくる車も珍しくないからだ。ヒイ、フウ、ミイ……信号は、青に変わってからすでに7秒が経っていた。信号無視の車さえ来なければ、つまりは渡辺とさえ出くわさなければ、何事もなく自宅に着いていたことだろう。

決して寄り道などしないし、交通ルールは必ず守る。飲酒運転などもってのほかだ。運転に関しては堅物を体現したような男である。いつもは帰りの連絡から15分もすれば家に着いていた。勝美の幸せは、家族揃って食卓を囲む時間に代わるものはない。

知枝が胸騒ぎを覚えたのは、時計の短針と長針が6の数字に重なったときである。

「LINEが届いてから30分近く経過していました。そのとき、家の前を救急車がけたたましいサイレンの音を鳴らして何台も通っていったので、もしかして主人が事故に遭ったかもしれないと。それで、慌てて主人の帰宅ルートをたどって行ったら、交差点で警察官が車を停めていたんですよね。警察官に、事故ですか？　と確認してから、主人が帰ってこないんですけどって聞いたところ、バイクを確認してくださいって言われて。……主人のバイクでした」

フロントのボディカウルは大きくひしゃげ、後方のタンクも半分ほど破損。スクーターは見る影もなくなっていた。さらに勝美は事故の衝撃で10メートルも吹き飛ばされ、救急車で搬送されたと知り、最悪の結末がよぎる。知枝と杏梨は勝美の無事だけを祈り、急いで病院に向かった。

だが、願いは叶わず、ほぼ即死の事実が検視中の医師から告げられた。まだ冷たくなり切ってもいない遺体は、全身傷だらけのうえ、苦悶の表情を浮かべていた。つらさが声になるとは限らない。ただただ茫然と立ち尽くすなか、涙だけが溢れ出た。

同時に、なぜ勝美が交通事故に巻き込まれなくてはいけないのかが理解できなかった。前述したとおり、彼が過剰なまでに安全運転を心がけていることを家族の誰もが知っていたからだ。

家族の胸の内のモヤモヤが晴れないなか、三島署交通課の警察官は大袈裟なジェスチャーを加え、事故について次のように説明した。

「双方青信号でした。そこで、お父さんが急な右折をしたのが事故の原因です」

つまりは勝美の交通違反。原付は本来、二段階右折が義務付けられていることを指摘された。これに対し、杏梨は疑問を覚える。

「交差点を右折したとなると、父がいつも使う帰宅経路が違う。それに、そもそも原付で右折できるような場所じゃない。だから、交差点を右折したとの説明について、その場にいた家族はもちろん、父の職場の人たちも、そんなはずないって同調してくれました」

飛ばす車が多い国道のこと、危険を知り尽くしていた勝美はいつも、平行して続く細い脇道をゆっくり飛ばさず走っていた。国道を通るのは、脇道から横切る一瞬だけだ。

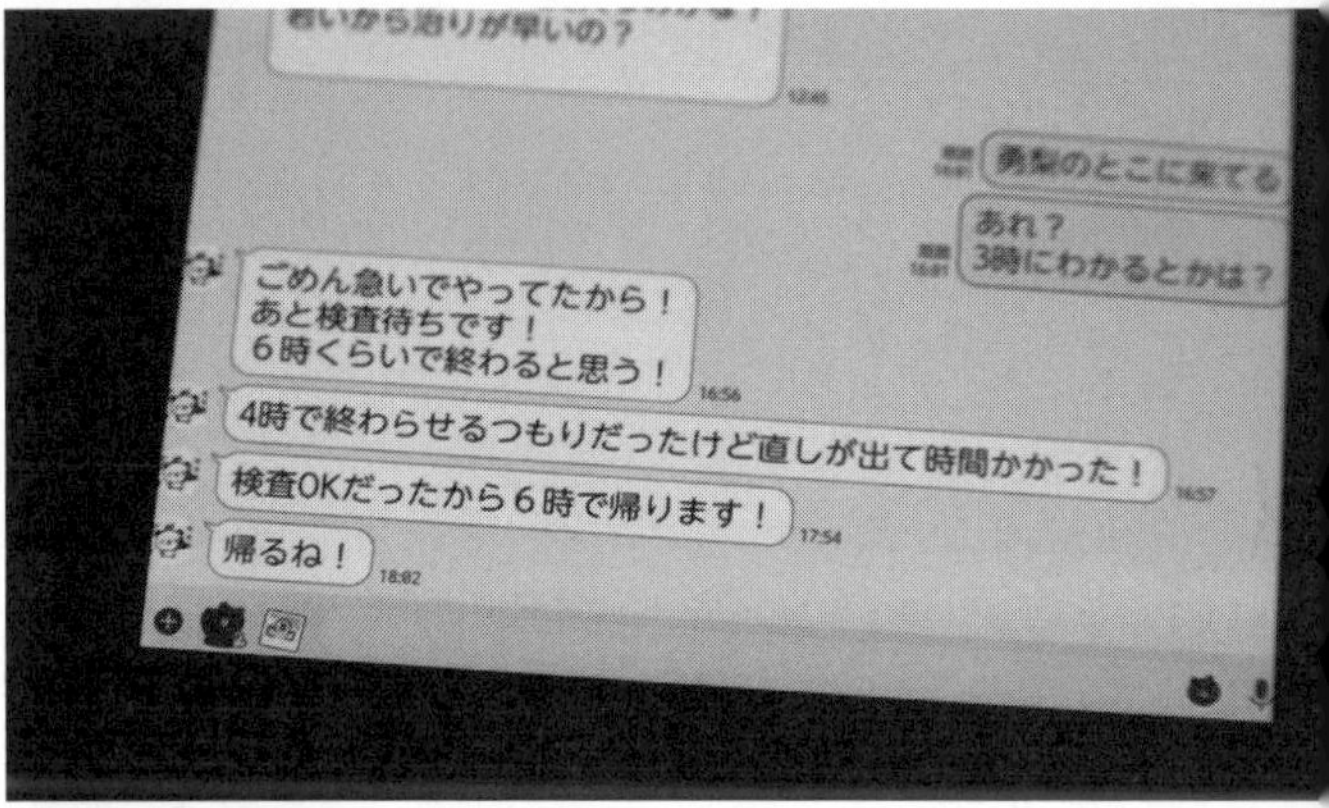

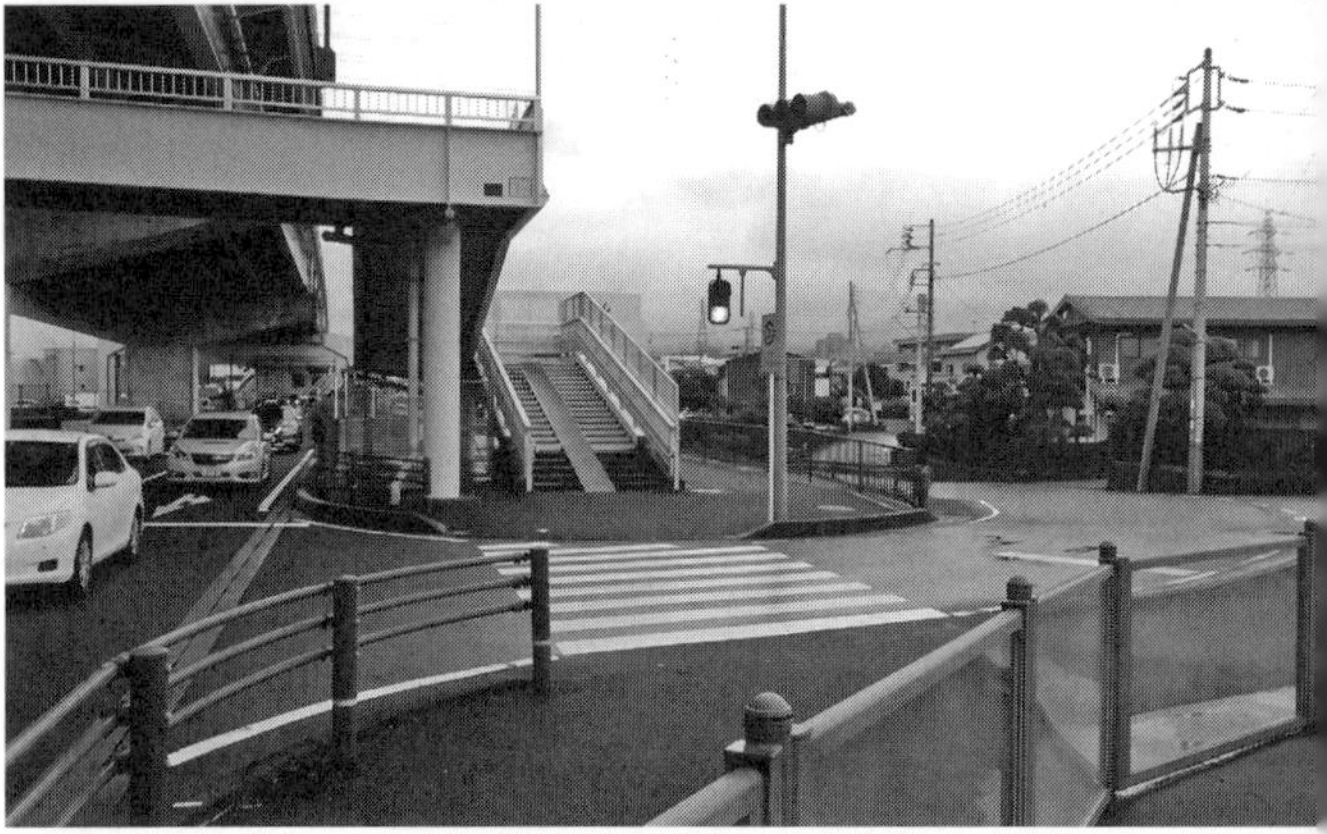

上／勝美が妻と交わした最後のLINEのやり取り
下／三島市萩の事故現場。勝美は右手の細い脇道を通り、
信号確認のうえ左手の幹線道路を横切るため直進し車と衝突した

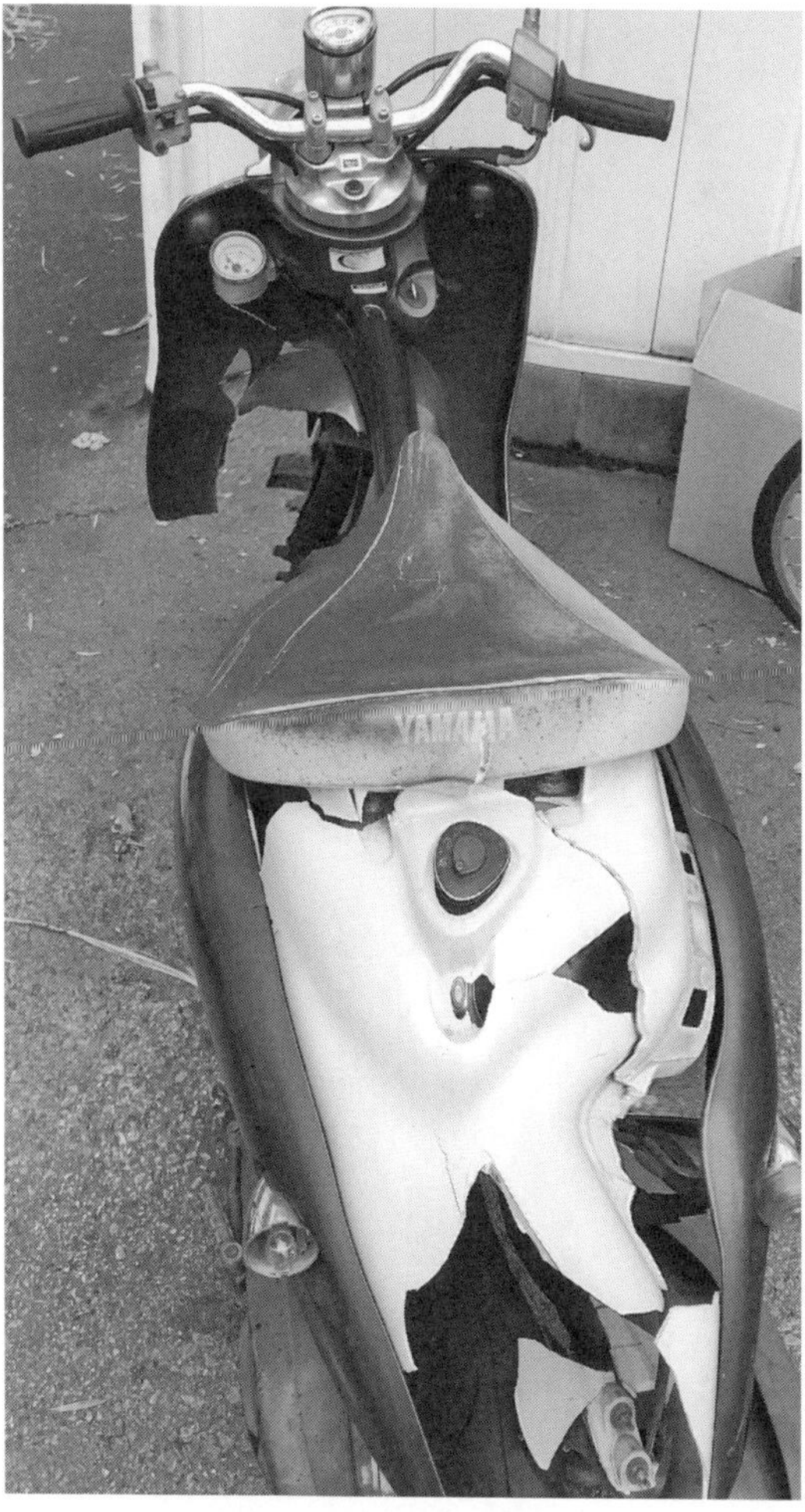

事故で破損した、勝美が通勤の行き帰りに利用していたバイク

納得のいかない知枝はタブレットで地図を開き、警察官に帰宅ルートは脇道のほうだと説明、捜査をやり直すよう求めた。が、警察官はにべもなく言う。

「それも右折って言いますよ」

知枝が「脇道から国道に抜けていくのは直進なんじゃないんですか？」と何度も説明しても、聞く耳すら持たなかった。杏梨が続ける。

「なんかもう、父が右折したことで片付けたい。そんな思惑が警察から強く伝わってきましたね、理由はわかりませんが」

どう考えても直進である。警察の論理が破綻していることは明白だ。ところが、それを知ってか知らずか、警察は勝美が急な右折をしたからだと押し通す。埒が明かないと判断した知枝が、「一つだけ教えてください。なぜ主人が急な右折をしたと思っているんですか？」と声を荒げて聞くと、警察官はあろうことかこう吐き捨てた。

「事故の相手が言っていますから、急に飛び出してきたって」

「いちゃもんをつけるな」「不快です」「死ね」

事故から2日後。勝美が愛用していたジッポーのライターが現場付近で見つかったとの三島署からの連絡を機に、杏梨と勇梨は警察に向かい再捜査を促す質問を投げかけた。

「事故現場周辺の防犯カメラは調べるんですか？」

「いまは信号が赤か青かを確認しているだけだから、調べてないよ」

怠慢な回答に添えられたのは、いずれにせよ勝美の過失とする警察の見解だった。

「脇道から来たとしたら、お父さんは信号無視になる。大通りから来ても、原付は二段階右折しなきゃいけないから。今ここでは問わないけど」

話にならない。父が急な右折や信号無視をするはずがはない。絶対に事故相手は嘘をついている。そして警察は自分たちの都合を優先している――。

これまで警察が真実を隠蔽するわけがないと信じ込んでいた家族も、防犯カメラすら確認しない手抜き捜査に愕然とし、翌日からSNSはもちろん現場で手作りのビラを配るなど目撃者探しを開始する。が、寄せられた反応は願っていたものではなかった。杏梨は言う。

「父が右折をしようとしたと報道されてしまったので、自分の父親の過失で事故が起きたのに、いちゃもんをつけているように見られました。事故直後の新聞に住所も出たので、嫌がらせのような手紙が入ってたり、SNSでも『相手のご家族の方から聞きましたけど、あなたたちが言っていることのほうが事実じゃないですよ、不快です』とか。

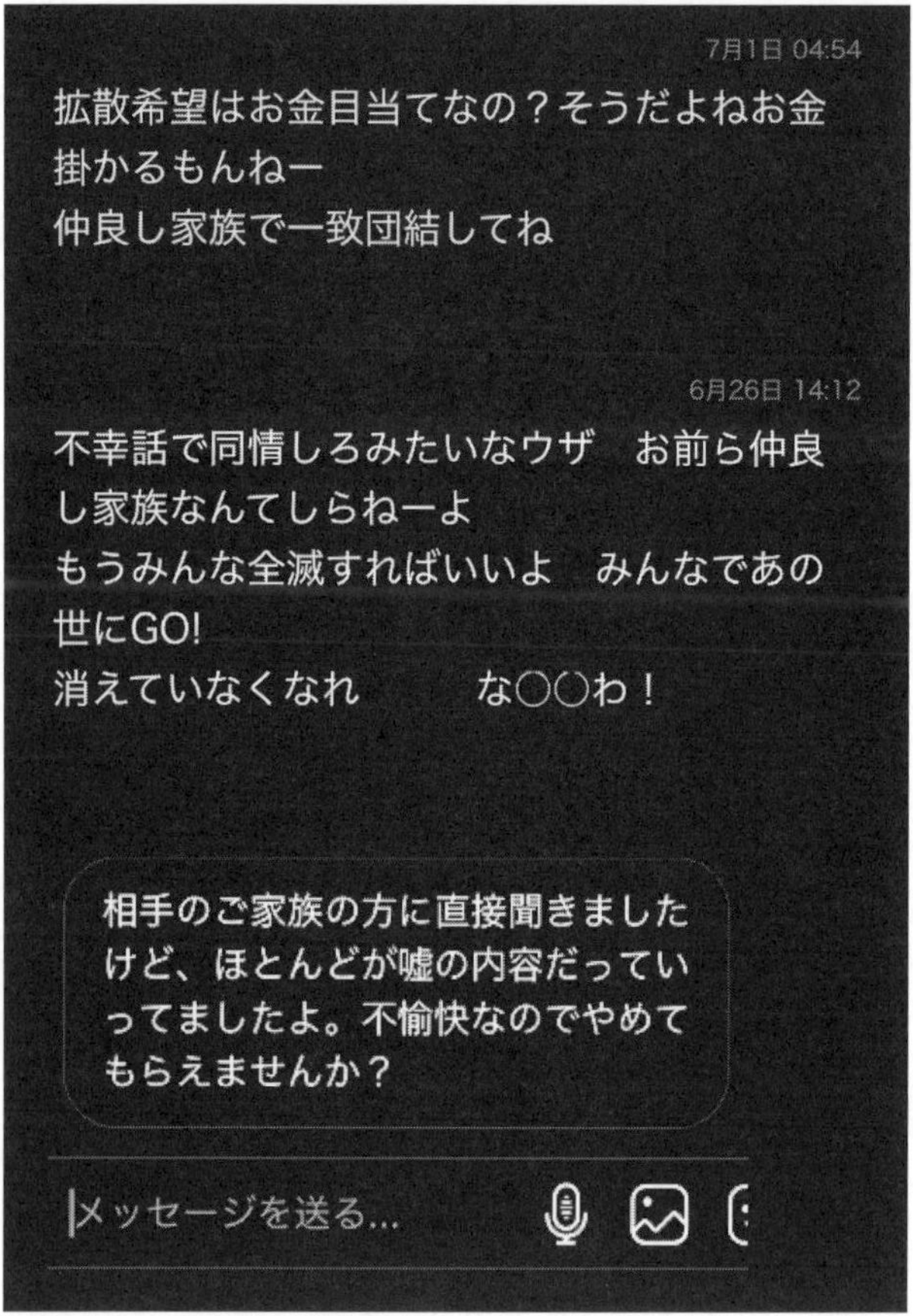
7月1日 04:54
拡散希望はお金目当てなの？そうだよねお金掛かるもんねー
仲良し家族で一致団結してね
6月26日 14:12
不幸話で同情しろみたいなウザ　お前ら仲良し家族なんてしらねーよ
もうみんな全滅すればいいよ　みんなであの世にGO!
消えていなくなれ　な○○わ！
相手のご家族の方に直接聞きましたけど、ほとんどが嘘の内容だっていってましたよ。不愉快なのでやめてもらえませんか？
メッセージを送る...

事故後、被害者遺族に寄せられた心ないメッセージ

中には『死ね』なんてメッセージもありました」

家族は見ず知らずの社会から向けられる悪意にさらされ、ために、杏梨の確信は揺らぐ。

「もしかしたら父は、その日に限っていつもと違う帰宅ルートを使い、右折に失敗してしまったのかなとか、急いでいて信号無視をしてしまったのかなって」

心ないメッセージが続き「目撃者を探すことをやめて、そっと父の冥福を祈り生きていこう」という考えが彼女や家族の頭をよぎりはじめた頃、よく脇道で勝美と一緒に信号待ちをしていたという1人の女子大生から連絡が入った。彼女は帰宅を急いでいたある日、国道の信号が黄色になるタイミングでスクーターを発進させようとしたとき、「危ないよ、停まって。ここは危ないところだからもう少し一緒に待とうよ」と勝美から声をかけられていた。

「だから、絶対に信号無視なんてするはずないですよ」

事故当日の目撃者ではないが、彼女が語る勝美は、家族が知る正義感の強い父そのものだった。そして、家族は確信する。勝美は信号無視も急な右折もしていない。真相を究明すべきだ。とはいえ、できることといえば事故現場に立ち目撃情報を募るぐらいしかない。が、それは家族が目撃者を探していると知った勝美の知人たちにとどまらず、子供の同級生の親や近隣住民、職場の同僚までをも巻き込んだ大捜査に発展していく。

署名活動のため街頭に立つ娘の杏梨（右）

みんなの思いは一緒だった。6万5千部のチラシを配り、勝美が危険な運転をするはずはないと訴えた。

　そんなある日、家族は意外な人物に遭遇する。事故相手の女性、渡辺である。事故現場に手向けた花の入れ替えをしていると、彼女と夫が現場をスマホで撮影していたのだ。お悔やみの言葉をかけられても素直に聞けるのか。本当に父が急に飛び出してきたのか。一気に緊張が走る。

　自らに、冷静に冷静にと

手作りのチラシをポスティングし目撃情報を募った

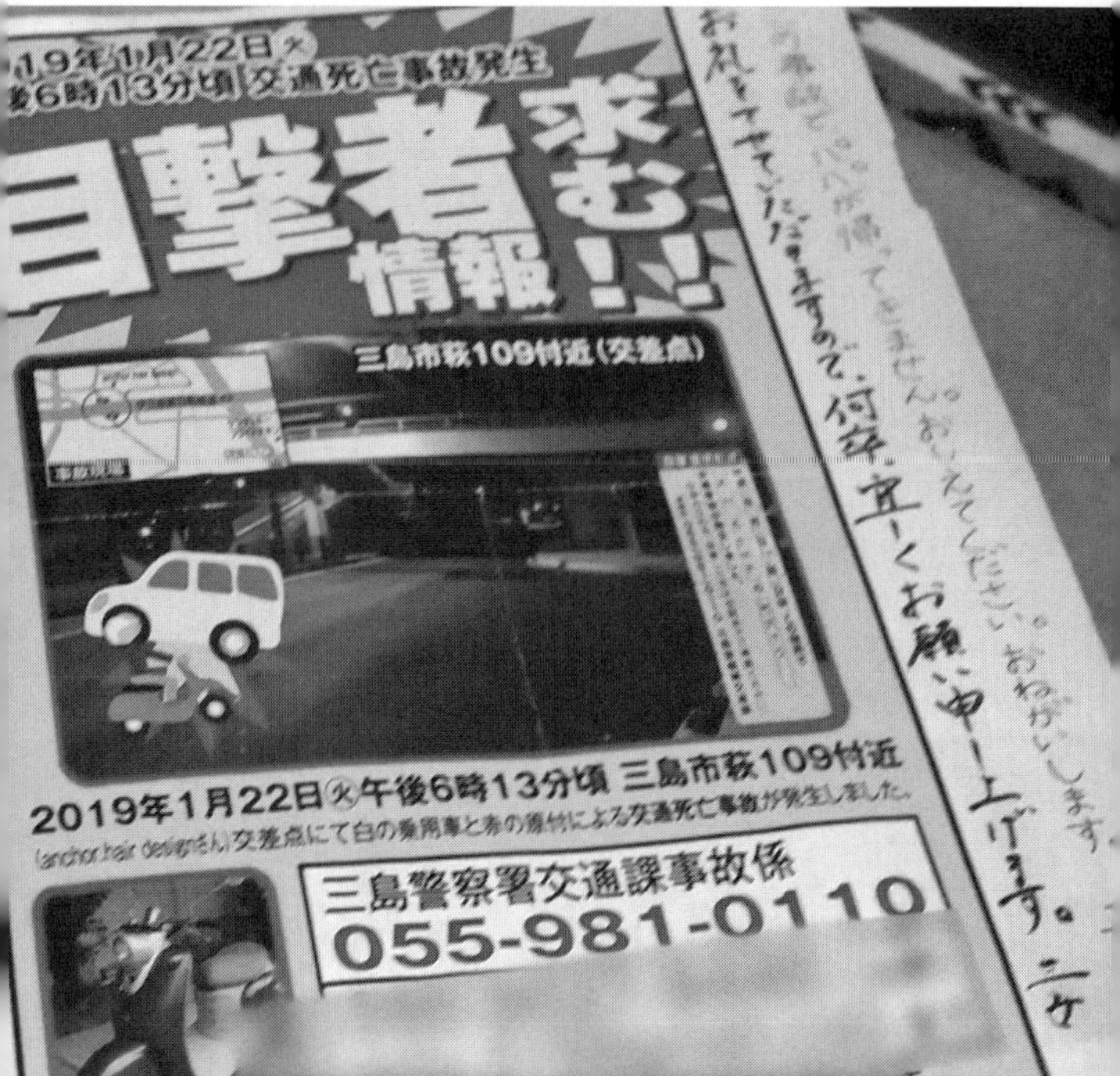

呼びかけ、間合いを詰めた。杏梨は言う。

「目を合わせることすらしてこなかったんです。私たちの存在に気づいているはずなのに」

渡辺と夫が取った行動は、完全に無視だった。おそらく3メートルも離れていない真横から歩道を歩き立ち去ったのである。杏梨は涙ながらに語る。

「事故後、母はもちろん、妹も弟も心療内科にかかるまで追い詰められました。もう限界だったのでしょう。母に至ってはいまも診療内科に通っています」


しかし、家族の行動は無駄ではなかった。ほどなく警察に、捜査員が探そうとすらしていなかった目撃情報が続々と集まり、その全てが「事故を起こした相手が〝信号無視〟をしていた」というものだったのだ。そして事件から9日後、警察はようやく渡辺を過失運転致死の容疑で逮捕する。杏梨が「父はやっぱりいつもどおり脇道を通って帰ってきたということですか？」と聞いたところ、警察は「おそらくそういうことになります」とバツが悪そうに答えたという。

「とりあえず父が悪くなかったことは証明できた。でも、嬉しいとかじゃない。やっぱり悪くなかったのにどうして死ななきゃいけなかったのかって気持ちが強かったです」

勝美が急な右折などしていないことも明らかになった。脇道を通る姿を記録した防犯カメラが見つかったのである。

「警察は、当初の広報を間違いだと暗に認めたのです。そして、争点はどちらの信号が青だったかに絞られました」（杏梨）

被害者から一転、加害者となった渡辺は逮捕後も一貫して無罪を主張し続けた。ばかりか、彼女の家族たちはＳＮＳを舞台に場外戦とも思える投稿を繰り返す。

〈元気元気。元気な私はうんこがくさい〉（渡辺の夫）

〈旅行に行きたい〉（渡辺の娘）

遺族の感情を逆撫でする言葉に、杏梨たちの気持ちは晴れるどころかますます苦しみが大きくなった。彼らは、家族のひとりが人命を奪ってしまった事実をどう考えているのか。いや、冷静に考えれば、加害者家族がなめた態度に出たのは、弁護士による入れ知恵があったに違いない。

通常、交通事故で過失運転致死罪に問われたケースでは、仮に有罪でも被害者がひとりであれば、判例によりほぼ１００％の確率で執行猶予がつく。弁護士から収監されることはないことを知った加害者家族はたかを括り、結果として件の発言に至ったとしても何ら不思議はない。さらには、民事裁判で損害賠償を求められたとしても、保険に入ってさえいれば金は保険会社が支払うことになる。いずれにしろ実害が及ばないことがわかれば、無罪を主張する妻・母を後押ししたい。得た知識は、そのまま欺瞞《ぎまん》になる。

「そんなのおかしいですよね」（杏梨）

遺族は、ＳＮＳでの発言などを知り、加害者が実刑になり刑務所で反省することを強く願うようになった。弁護士を探し、同時に署名活動も始めた。すぐに交通事故に強いと評判の弁護士が見つかった。が、その弁護士の考えは遺族と異なっていた。過失運転致死で被害者はひとり。ならば実刑なんて無理ですよ。署名もどんなに集まっても意味ないですよ。それより１円でも多く保険会社から慰謝料を取りましょう。遺族の手前、口には出さないまでも弁護士は目で訴えてきた。果たして着手金３００万円の返金はあきらめ、泣く泣く件の弁護士を解任。そこへ、力強い援軍が登場する。犯罪被害者支援を長年続け、こと交通事故問題では数々の判例を覆してきた高橋正人《たかはしまさと》弁護士。彼が口にした言葉を私は忘れられない。

「間違った法律や判例があるのであれば、それは変えていかなくてはいけない。あきらめたら、いままで涙を呑んできた被害者も浮かばれないし、これから現れる被害者も涙を呑むことになる」

高橋弁護士の扶助を得た遺族は、全て手弁当で１万筆以上の署名を集めて裁判に挑む。

初公判は2020年5月28日、静岡地裁沼津支部で開かれた。証言台に立った渡辺は「青信号を確認して交差点に入った」と無罪を主張し、従来の証言を変えなかった。

大きな動きがあったのは、カーナビの解析結果が発表された5ヶ月後の第2回公判である。カーナビは、渡辺が交差点に進入したとき、信号が赤に変わってから7秒も経過していたことを記録していた。信号は紛れもなく〝赤〟だったのである。

その証拠が出されるや否や、渡辺は言動を豹変させる。今までの言動がなかったかのようにあっけなく赤信号を見落としたことを認め、すぐに弁護士を通じて謝罪文と見舞金100万円を受け取ってほしいと申し出た。杏梨は言う。

「今さら何を言ってるの、と。なにせ、一度も私たちのほうを見て頭を下げなかったんですから。申し訳ないと思っています。そう口にはしましたが、まるで自分の刑を軽くするため裁判官に向けて謝罪してるようなパフォーマンスにしか思えませんでした」

彼女の推測は的を射ていた。公判の過程で、渡辺が事故の約1年前にも前方不注意で前の車に衝突し、運転手に怪我を負わせていたことが判明したのだ。しかも、渡辺の夫は「そんな大した事故じゃなくて。人身事故になんてなるとは思ってなかったんですけどね」と笑いながら話した。その口調は、まるで運が悪かったとでも言いたげだ。

なぜ信号確認を怠ったかについても、渡辺は「自分でもよくわかりません」と供述するだけで、明確な答えが出ることはなかった。遺族はスマホ操作による〝ながら運転〟を疑い、警察や検察に調査を要請する。しかし捜査機関が事故原因を究明することはなかった。勝美の過失として発表した手前、事を荒立てたくはない。そんな思惑すら見えてくる。

渡辺も、ながら運転を一貫して否認した。過失運転致死罪に、ながら運転が加わると、判例ではここ数年、実刑になることが多いからだろう。裁判は真実を明らかにする場所ではなく、罪状と判例に当てはめるための儀式なのか。私には、勝美の死があまりに軽んじられている気がしてならない。

裁判はさらに混沌とする。加害者側が遺族の事故後の行いについても批判を繰り返したことに関し、ついには不偏不党の立場を守る裁判長の堪忍袋の緒が切れ、審理を中断してまで長時間の説教を行ったのだ。しかし。

裁判所は遺族の苦しみを全く理解していない

事故から約2年後の2021年3月15日、渡辺への判決が言い渡された。禁錮3年、執行猶予5年。予想どおりではあるが、実刑にはならなかったことで法廷には知枝のむせび泣く声が響いた。

裁判長は、事実に反する供述を繰り返し、真摯な反省がされているとは到底言えないとも指摘したうえで、判決理由を次のように述べた。

「二度と運転しないことを誓っていることや、単純過失の交通死亡事故の判例などから、実刑が相当とまでとは言えない」

執行猶予がついたことで、各メディアは渡辺の実名報道を取りやめた。勝美はこの世を去り、渡辺は日常生活に戻ることになる。知枝は話す。

「判決を聞いた瞬間、パパごめんねって。本当に納得できない結果でした。主人の性格からしたら、きっと、ありがとう、もういいよって言ってくれてるとは思うんですけど、やっぱり私も気持ちの整理ができなくて」

杏梨は、知枝より冷静でいながらも、やはり悔しさを隠しきれない。

「私たちが父の性格や帰宅ルートを知っていたから、父の過失がないと証明できたけど。この裁判は嘘を言ってもバレなきゃいいし、バレても執行猶予つくって、図らずも証明してしまった」

唯一の救いは、前出の高橋弁護士が判決後に会見を開き、司法や捜査機関を痛烈に批判したことである。

「私は遺族を褒めてあげたい、よくここまで頑張ったと。もし遺族が一生懸命、署名活動をしたり、チラシを配って目撃証言を集めていなかったら、勝美さんが加害者の立場だった。それをひっくり返したのは三島警察でもありません。検察庁でもありません。家族たちなんですよ。この事実を裁判所は見逃している。裁判所は遺族の苦しみを全く理解していない」

会見の席上で、高橋弁護士は「だから検察は控訴をすべきだ」と声を荒げた。「こんな判例を後世に残してはいけない」と強く訴えた。が、検察が控訴することはなかった。判決が確定したとき、知枝は「結局、被害者に救いはない」と悟ったという。それは渡辺が司法の悪しき判例に守られた瞬間でもある。

2021年7月のある日、私は再び事故現場にいた。事故から2年と半年、判決が確定してから4ヶ月が過ぎているが、そこにはいまも綺麗な花が供えられていた。「月命日には家族揃って欠かさず手を合わせている」と杏梨が話していたことからして、遺族によるものだろう。そこには勝美が誰よりも可愛がっていた3歳になる孫の姿もあったという。杏梨の言葉が思い出される。

「この子のためにも、父が貫いてきた〝正義〟を残したい」

しかし、その願いは無残にも打ち砕かれている。

〈つらくてもずいぶん余裕があるんだね〉

これは、遺族が化粧をして会見に出たことについて揚げ足を取った書き込みである。裁判後に出産した妹にまで皮肉が送られた。加害者からの謝罪は未だにないまま、SNSを通じた家族への中傷は、判決確定後も続いたのである。

ネット世論は言う。被害者は被害者らしくあれ。では〝被害者らしい〟とは何だろう。被害者は犠牲者のことだけを思って粛々と残りの人生を歩むべき、などという意見は決して通してはならない。が、いくら自問自答しても、私には、冒頭で記した知枝の言葉が胸を衝く。私は被害者にすらなれなかった――。

一家の大黒柱を亡くした遺族は、一時的に親戚から借金をして暮らし、現在は姉弟みなで働きに出て、知枝を支えている。匿名で誹謗中傷を続ける社会も、取材者の私も野次馬でしかない。どころか自分の親じゃなくて良かったと、どこか安堵している。被害者は自立するよりなかった。父を亡くし、心を病み、司法にまで見限られたとしても。

杏梨は最後に語った。

「いろいろつらいことはありました。でも、最後はやっぱり正義感が強かった父のことを思い出して頑張れました。父だったらどうするんだろうって常に考えていました。本当は判例を変えたかったですけど、それはできませんでした。でも、いつかこんなことはおかしいって認められる日が来ることを信じています」

そして、被害者支援をできる範囲でしていく決意だと、杏梨は続けた。

「もし同じような人がいたら助けてあげられる人間になりたいです」

確かに勝美の正義は受け継がれていた。と同時に、これが〝被害者らしい〟の答えなのではと、私は改めて思うのだ。

事故で大切な人を亡くした遺族の拠り所になりたい

事故発生から約4年6ヶ月が経過した2023年7月1日、保険会社に請求していた損害賠償金についての民事裁判は、全面的に遺族側の主張が認められる形で終幕した。が、長女・杏梨によれば、乗用車に乗っていた渡辺さつき本人が出廷しなかったため、いまは何もわからないまま全ての法的な手続きが終了してしまった状態だという。

彼女を含めた被害者遺族が裁判に託したのは、損害賠償金ではなく真実を追及することだった。被害者遺族には、父・勝美が急な右折や信号無視をしたのではなく、スマホ操作による〝ながら運転〟していた渡辺が赤信号を無視して直進してきたのが事故原因

遺影の前で取材を受ける娘の杏梨(右)と妻の知枝

なのではとの疑念がずっと拭えていなかった。それが結局、民事裁判でも明らかにできなかったのだ。

「最近は、スマホを使いながらの〝ながら運転〟による事故の刑罰もだんだん厳しくなってきていると思います。けれど、（第三者に見られていない状況で）嘘を突き通せば実刑にならないいんだと、父の事故の判決を知り、そう感じる人もいると思うんですよね」

渡辺からは、現在も面と向かっての謝罪はもちろん、手紙の一つすらないという。渡辺にしてみれば、「実は嘘をついていました」と〝ながら運転〟を認めれば、事件を蒸し返され実刑になることが明らかゆえに、謝罪ができないのだろう。だから、戦いはまだ続くと、杏梨は言う。

「私以外の母や妹、弟は、通常生活はだんだんとこなせるようにはなっていられるけれど、なるべく父のことを思い出さないようにして生きている感じです。私も辛いんですけど、父の事故についての情報を集める目的で解説したX（旧ツイッター）をきっかけに、私たちのように事故から5年経っても、10年経っても立ち直れていない方たちの声を知ることになりました。他の同じような事故で親族を亡くされた方というのを見ると、やはり何か動かなきゃいけないというか、この人たちのためにできることは何かと考えるようになりました」

過去を踏まえ、未来を変える。そう決めた杏梨は、いまだに事故と真正面から向き合えていない家族たちを支えながら一歩前に踏み出している。地域で交通指導員をしたり、三島市交通指導員会の定例会に参加したり、「悪しき判例」に抗《あらが》えるよう通信大学で法律の勉強も始めたそうだ。

事故で亡くなる方を減らしたい。家族を亡くして悲しむ人を減らしたい。それが一番の目標で、もしそうなってしまったとき、自分の経験をもとに遺族たちの拠り所になったい。自分にしかできないことが、きっとある。杏梨は、そう信じ、もがき続ける。

目黒5歳女児虐待死事件

なぜ気づけなかったのか。
近隣住民の苦悩は
今も続く

事件の涙

２０１８年６月６日、東京・霞が関の警視庁本部で、記者たちは捜査一課長を囲むようにして集まっていた。東京都目黒区で衰弱した船戸結愛《ふなとゆあ》（当時５歳）を、放置し死亡させた疑いで逮捕された船戸雄大《ゆうだい》（同33歳）と母親の優里《ゆり》（同25歳）に関する、逮捕レクを聞くためだ。

逮捕レクとは、容疑者逮捕後の報道説明のことである。保護責任者遺棄致死罪。罪状を聞いて記者たちは緊張を走らせていた。ほぼ間違いなく虐待事案である。となればマスコミによる激しい取材合戦が予想される。記者たちは、ペンを手に捜査一課長の言葉を漏らさないようメモを取る。メモは、これから始まる戦いの兵糧《ひょうろう》に、弾薬になる。

〈ママ、もうパパとママにいわれなくても、しっかりじぶんから、きょうよりかあしたはもっともっと、できるようにするから。もうおねがい、ゆるして。ゆるしてください、おねがいします。ほんとうにもう、おなじことはしません。ゆるして。きのうまでぜんぜんできてなかったこと、これまでまいにちやってきたことを、なおします。これまでどんだけあほみたいにあそんだか。あそぶってあほみたいだからやめる。もうぜったいぜったい、やらないからね。ぜったい。やくそくします〉

わずか5歳でこの世を去った結愛（母・優里のFacebookより）

捜査一課長が唐突にメモを読み上げたことで、記者たちは驚きを隠せなかった。逮捕レクの時点で裁判の重要になりそうな証拠を明らかにするなど、異例のことだ。

「子供にこんな文章を書かせるなんて鬼ですよ、オニ」

レクに出た顔馴染みの記者は怒気を込めて言った。悲痛な文面からはいびつな親子関係が透けて見える。

起訴や公判維持が難しいことが知られている、虐待死事案。家庭内で行われるため、証拠が限られ、起訴してそれなりの罪を追わせるだけの材料集めに時間がかかり、数年経ってから逮捕に至るケースも珍しくない。

だが、警察は怒り心頭に発していたようで、雄大と優里は、結愛の死からわずか3ヶ月でスピード逮捕される。ばかりか虐待死の多くは、いずれも上限は懲役20年の保護責任者遺棄致死罪か傷害致死罪が適用され、無期や死刑に至る殺人罪が適用されるのは稀であるため、あえて結愛のメモを公開、世間の怒りを虐待に向けさせ公判を維持して重罪を科す意図を、私は感じた。前出の記者によれば、メモを読み上げたとき、捜査一課長は「目に涙を溜めていた」という。

日本は虐待死の刑が圧倒的に軽いと諸外国から指摘されていたことからして、確かに警察は思うところがあったようだ。これまでの判例では懲役4年〜7年が相場である。苦難

一家が暮らしていた東京都目黒区東が丘の閑静な住宅街

の末に白日の下にさらした少女の死を決して無駄にしてはいけない。目指す虐待死の厳罰化は、この事件が引き金になったのである。

警察のプロパガンダとでも言うべき発表を受け、マスコミによる取材合戦はレク直後から否応なしに始まった。特に各社は、事件現場となった3階建てのアパートがある、東京都目黒区東が丘の取材に力を入れる。私も事件発生当時、都内でも地価が高いエリアを走る有数の路線である東急東横線と東急田園都市線のちょうど真ん中あたりに位置する現場周辺をくまなく歩いた。どの駅から向かおうとも、徒歩では10分以上かかる場所だが、駒沢公園に隣接し瀟洒《しょうしゃ》な住宅が立ち並ぶ高級住宅街だ。

注文住宅らしい建物があちこちに林立し、住宅のガレージには高級車が並んでいる。一方、マスコミの人垣に加わり事件現場となったアパートを見上げると、息を呑まずにはいられなかった。築40年、間取り2K。にもかかわらず家賃は月8万円。他の地域ならもっと良い物件に暮らせるのでは。建物は周囲から明らかに浮いていた。

雄大がなぜ見栄まで張り、東が丘にこだわったのか、事情を知らない当時の私には不思議だったが、雄大と優里がこの地にたどりつくまでの軌跡を追うと、その理由がぼんやり見えてきた。

高松のキャバクラで出会い結婚、上京

1985年、岡山県で生まれた雄大は父親の仕事の関係で関東などに住んでいたこともあったが、小学校高学年で北海道札幌市に転居する。このとき、歳の離れた妹もいた。

中学校の同級生に話を聞いたところ、当時は特に暴力性が際立つようなことはなく、

バスケットボールに夢中になっていたという。

「運動神経が良くて、活発な子でしたよ。ちょっと相手によって言葉遣いとか態度を変えるようなところはあったけど。子供なんてそういうところ誰でもあるでしょう。強い者に憧れて媚びるというか……」

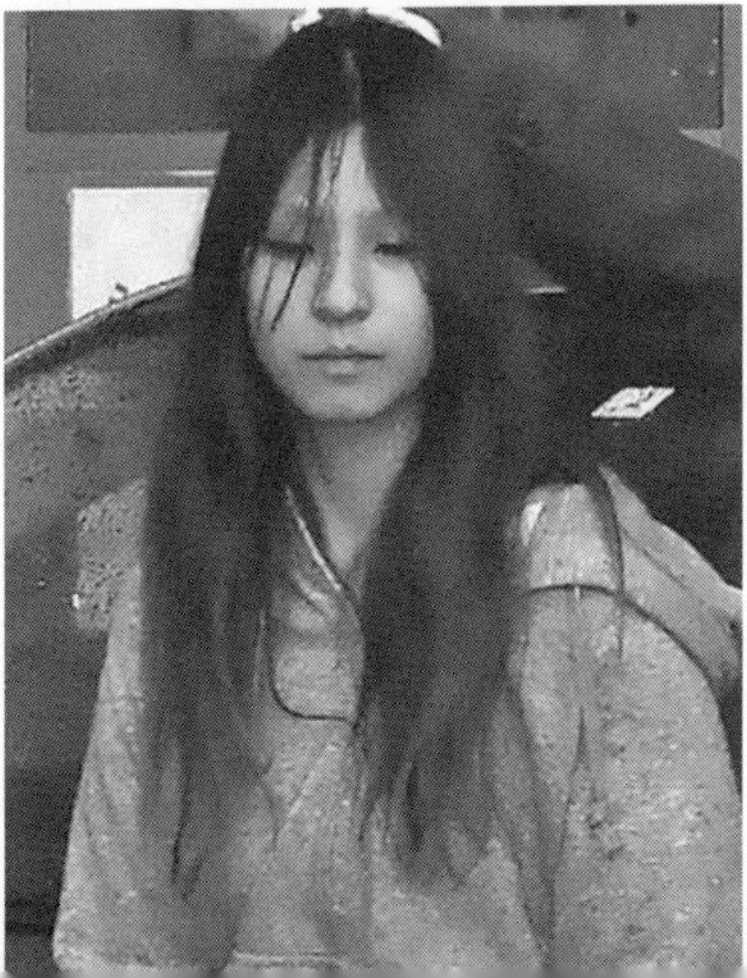

我が子を虐待死に追いやった船戸雄大(上)と優里

中学卒業後、道内でバスケットボールの強豪校として知られる公立高校に進学。一時はバスケ部に籍を置きレギュラーを勝ち取り全国大会への出場を目指していたが、練習についていけず志なかばで退部。現実を知り卑屈になったのか、ついには不良と付き合うように。が、高校を卒業し東京・八王子にキャンパスを置く帝京大学に進学すると、改めてバスケサークルに籍を置き青春時代を費やした。当時のサークルメンバーは言う。

「遊び半分で入っていた連中が多いなか、強豪のバスケ部出身だけあってやっぱり抜群に上手かったですよ。だんだんと本気のサークルになっていきましたけど、雄大はチームの中心でした」

誰に聞いても雄大を悪く言う者はいない。みんなを引っ張っていく熱血漢。そんなイメージを持たれていた彼は、大学卒業後にシステム開発関連の会社に就職し、ほどなく三軒茶屋に、頻繁に姿を見せるようになる。のちに東が丘に引っ越しをする際に、近くの「三軒茶屋はいいところだ」と優里に語っていたように、雄大は雑多なカルチャーの入り交じる不思議なこの街を、いたく気に入っていた。前出のサークルメンバーは語る。

「三軒茶屋の話はよく聞いていました。業界人と知り合いができたとか自慢げに話していましたよ。でも雄大は酒がそんなに飲めないんですよ。人脈を作りに行っていたんですかね」

この頃から、雄大は大麻に手を染めるなど遊びが派手になっていく。業界人が集まる三軒茶屋で飲み歩いていたのだから、特筆すべきことではないだろう。が、ここから雄大は奇妙な人生をたどる。安定したシステム開発の仕事を辞め、高校卒業まで住んでいた札幌に移転、なぜかススキノでキャバクラ店の黒服になる。水商売は年齢よりも経験がものを言う。社会人経験が長い彼であっても、黒服としては末端の序列。先の見えない下積み生活が始まった。

そこへ意外な声がかかる。香川県高松市のキャバクラに勤める大学時代の知人からの、人手が足りないから手伝ってほしいというオファーである。雄大は誘いに乗り、高松へ。のちに妻になる8歳年下の優里は、この店のキャバ嬢だった。

高松市から電車で1時間ほどの善通寺市《ぜんつうじし》。中心街から少し外れた山間に離れや納屋を備えた日本家屋が並ぶ地域で、優里は4人兄妹の末っ子として生まれ育った。

「あの家は、ちょっと。なんというか、ここらの田舎からしたら浮世離れしているというか、そんな感じの家かな」

近くで畑仕事に精を出していた好々爺《こうこうや》が話すように、周囲の聞き込みで知り得た彼女の家庭環境は決して良くはなかった。元自衛官の父親は厳格で、子供を叱りつける声が四六時中、長閑な地域に響いていたという。親族の中には大麻で逮捕された者もいたようで、「あまり付き合いたくはない」と語る住民もいた。

それでも優里は田舎の子供らしい快活さを持ち、中学ではソフトボールに明け暮れ、地元の高校に進学。19歳、卒業してからすぐに、地元の同級生との間に子供を身籠り出産した。それが虐待被害にあった結愛だ。

若い2人の結婚生活は早々に破綻した。のちの裁判で彼女自身の口から「夫の経済力やDVが原因」だと語られている。離婚後、結愛を引き取り、生活のため水商売の世界へ。雄大と出会うのは20歳のときだ。それまで地方都市から出たことのなかった彼女は、東京で暮らし社会経験も豊富な雄大に夢中になった。すぐに寝食を共にする仲に発展し、結愛も雄大のことを「お兄ちゃん」と呼び慕った。やがて優里が雄大の子供を身籠り、2人は親の反対を押し切り結婚。2015年12月のことだ。

結婚後、2人は揃って水商売から足を洗い、優里は専業主婦に、雄大は香川ではCMが流れるほど有名な食品関連会社に職を得る。善通寺市内のアパートで、地に足をつけた一家4人の暮らし。だが、平穏な暮らしはほどなく破綻する。

「幸せそうに楽しそうに暮らしていたのは最初だけです。すぐに結愛ちゃんが泣き叫ぶ声が聞こえてきました。尋常じゃないほど大きな声でした。それとよく雄大と結愛ちゃんが家の前で一緒に遊んでいたんですけど、あれは遊んでいたというより監視していた

という雰囲気でしたね。なんというか、歪んだ親子に見えました」（近隣住民）

結愛に対する、しつけという名の虐待は結婚と同時に始まっていた。一度叱りはじめると雄大は止めどない。束縛が激しい性格からして徐々に高揚し、説教は数時間も続いた。従わなければ手も上げる。となれば、社会が見逃すわけがない。

「児童相談所の目に留まり、結愛ちゃんは、一時的に保護されることになりました」

前出の近隣住民によれば、児相の職員にも「随分と高圧的」で、俺は間違ったことをしていないとばかりに食ってかかることもあったらしい。一方、優里は雄大の言いなりで、思考が停止したかのごとく夫の言動全てを肯定した。親の反対を押し切ってまでシングルマザーであった自分を受け入れてくれた。その負い目から、反論はもとより助けることすらできなかったのだろうか。

私が獄中の雄大と優里に手紙を送ったのは、2人の心情を解き明かしたかったからだ。が、雄大からは一切の連絡は来ず、優里からも受け取り拒否されれば、なす術なし。

ともかく、2人は善通寺市での生活をわずか2年で見切りをつけ、2017年12月、居心地が良かった三軒茶屋で築いた人脈を頼りに、一家で東京に転居する。社会のルール上は正しいとしても、雄大からすれば自分のしつけに歯向かう児童相談所は邪魔な存在だったに違いない。目黒区東が丘への流転は、現実社会からの逃避でしかなかった。

痣の数は、顔から足の裏まで全部で170

事件後から通い続ける東が丘のアパートからは、1ヶ月もするとマスコミの姿は消えていた。が、誰かが思いを巡らせているのだろう、手向けられた花や菓子が途絶えることはなかった。

「あのアパートを見ると事件を思い出さざるを得ないんです。だからあんまりあそこを通らないようにしちゃう。つらいですから」

事件から目を背けたいは、忘れたいとは、違う。事件を風化させないためにも花や菓子を供えて手を合わせているのだと近隣住民は言う。

虐待が起きたアパートから一室、また一室と空き部屋が目立ちはじめた頃、私は行きつけの飲み屋を見つけた。現場からほど近いダイニングバーである。

「やっぱり街にとってはあのアパートは解体したほうがいいんですかね？」

ギネスビールを口にしながらマスターに尋ねると、真摯な答えが返ってきた。

「それはそうだけど、街の方々も悔しいんですよ。なぜ気づけなかったのか、何かできなかったのか。今も思い続けています……」

「なんでこんな閑静な住宅街で事件は起きちゃったんですかね？」

「それはわからないけど、私が接した限り、あんな事件を起こすような人間だとは思わなかった」

そう、偶然にも事件前に雄大は、この店に来ていた。マスターの記憶によれば、最初に顔を出したのは2018年1月。雄大は緊張した面持ちで暖簾をくぐった。ハイボールを一つ。アテはミックスナッツ。マスターは間合いを読みながら声をかけた。

「初めてですよね。お近くにお住まいですか？」

「引っ越したのは最近です。妻と子供は1週間後に来ます」

マスターは雄大を礼儀正しい男として認識した。新生活の不安はあるのかと聞くと、

「今まで食品会社で働いていたんですが、新しい仕事を始めようと思っています」と希望を覗かせたという。

「芸能界のマネージャーをやりたいと話をされていたので、何か当てがあるんですか？って聞いたら、特にないですと。だから、新たに東京に出てこられて、お子さんもいらっしゃるなかで仕事を始めるなんて大丈夫かなって、ちょっと心配になりました。ただ、この辺りは過ごしやすいというか温かい地域なので、頑張ってくださいねと声をかけました」

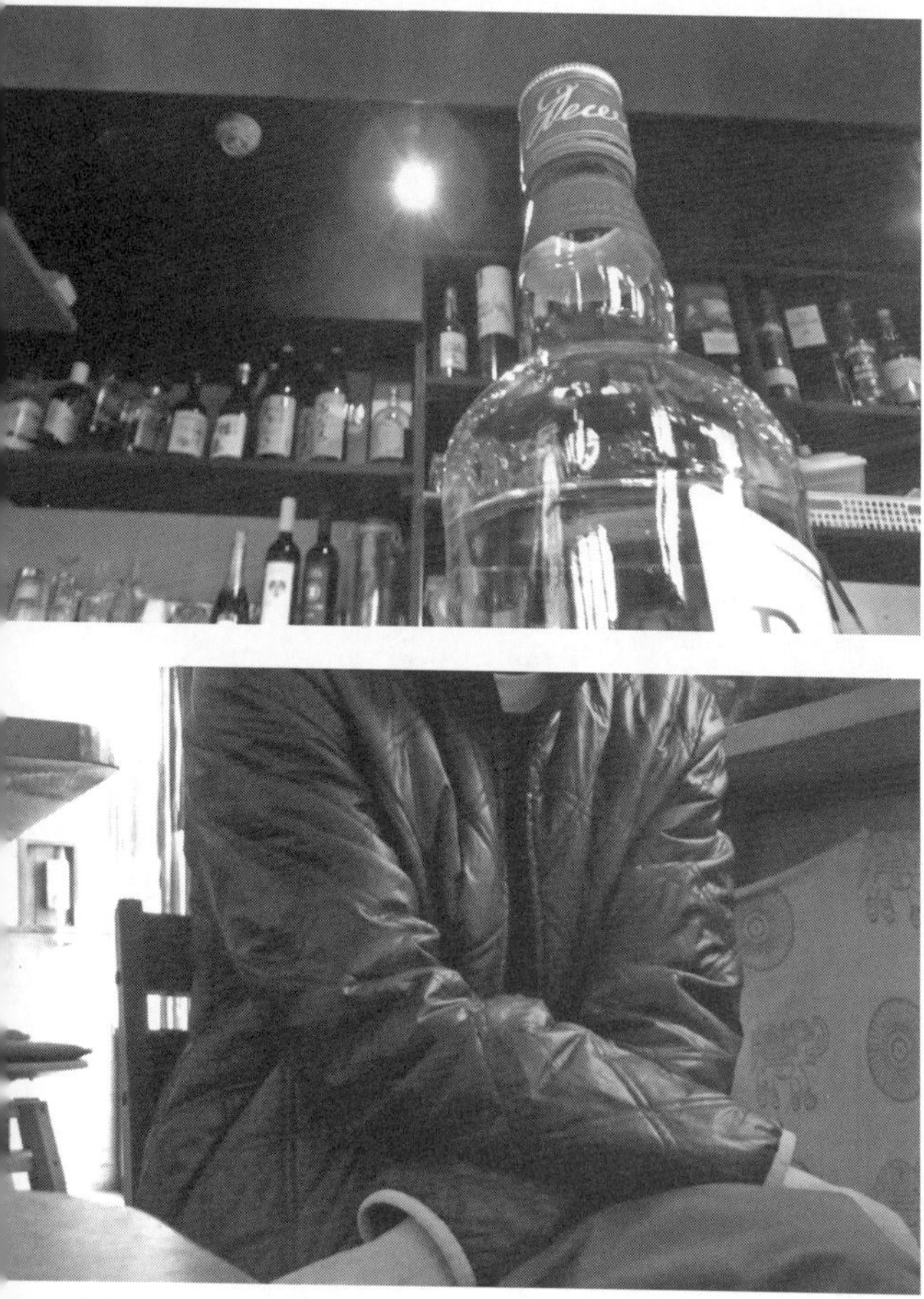

雄大が訪れたことのあるダイニングバーと、
取材に答える店のマスター

ここが人に優しい地域であることは、私も感じていた。昔から地元に住む人間と新しく越してきた住人の間に溝ができることは珍しくないが、東が丘は違う。地域行事一つとっても垣根なく多くの人が参加する。この店でも偶然居合わせた者同士がわだかまりなく一緒に飲む姿を、私は何度も目にしていた。

実際、雄大が初めて店を訪れた日も彼にとっては絶好とも言うべき来客があった。

「地域の活動をおやりになっているみなさんがグループで来てくださったんですね。なので、紹介させていただいて。みなさんは『地域のお祭りもあるし、お子さんがいらっしゃるんなら、子供たちが参加できる活動もあるんで、ぜひ来てくださいね』って。彼も喜んでくれたんです」

雄大はその後、家族が東京にやってきたタイミングで、このとき築いた人脈を使い夫婦揃って挨拶回りまでしていた。が、結愛は自宅に残したまま。もはや外に連れ出せる状態ではなかったのだろう。思うように就職先が見つからない苛立ちを結愛にぶつけ、サンドバッグにした。死後、結愛の身体から見つかった痣の数は、顔から足の裏まで全部で１７０。雄大はモデル体型になることまで強要し食事を制限、結愛は栄養失調状態にも陥っていた。結果、16キロあった体重は、東京に来てから死亡するまでの１ヶ月半で12キロまで減少。さらに、朝4時に無理にでも起こし、九九の勉強をさせる。サボった

事件発覚から1年後、現場のアパートは取り壊された

り言いつけを守らなければ、拳が容赦なく振り下ろされた。

善通寺市を管轄する児童相談所から引き継ぎを受けた児童相談所の担当者が訪ねてくるも、雄大に絶対服従の優里は追い返した。万事休す。2018年3月2日、結愛は亡くなった。死因は栄養失調による敗血症。あと1ヶ月もすれば小学校に入学する予定だった。


事件から1年経った冬、もぬけの殻と化したアパートは取り壊される。外国人たちがヘルメットを被り、重機を動かす。結愛は、わずか数ヶ月であってもここに暮らしていた。だが外国人たちはおそらくこのアパートで何があったか知らないし、また興味もない。私は解体作業をじっと見ていた。事件から目を背けたい。けれども忘れてはいけない。そんな思いを投影するかのごとく、現場で足を止める住民は少なくなかった。

雄大、懲役13年。優里、懲役8年――。判決が言い渡された瞬間、虐待事件の厳罰化を望む者たちは、心の中でガッツポーズを決めたことだろう。ひいてはこの事件後の2019年1月に発覚した千葉県野田市の虐待事件では懲役16年の判決が下されている。結愛の死、警察の怒りがなければ、あわやお手盛りの判決が連発していたはずだ。

大阪姉妹殺人事件

2人の仇討ちのため、私は犯人の山地悠紀夫を本気で殺そうとした

事件の涙

妹の間違った画像がネット上に流布

２００５年11月17日未明、住所不定・無職の山地悠紀夫《やまじゆきお》（当時22歳）は、大阪府大阪市浪速《なにわ》区の単身向け９階建てマンション４階の非常階段で、静かに身を潜めていた。まるで地蔵のように身じろぎもせず、旧式のエレベーターがモーター音を唸らせ昇降する音だけに神経を研ぎ澄ませ、今か今かと犯行の機をうかがっていた。住人は若者ばかりで、出入りの激しさに長く険しい道のりを覚悟した。興奮で震えながらの静観は、暗闇のなか実に４時間以上も続いていた。

深夜２時、エレベーターが新たな住人を運び４階で止まる。降りてきたのは山地が心待ちにしていた小柄な女性、上原明日香《うえはらあすか》（同27歳）。飲食店での仕事を終え帰宅したところだった。

１階のオートロックを通過した安心感からか、異変に気づくことなく角部屋の自宅へ。いつものように鞄から鍵を取り出して解錠し、ドアノブに手をかけた。そのとき――。

非常階段から飛び出した山地は、10メートルほどの距離を疾走し、どこにでもある１００円均一ショップで買ったナイフを躊躇なく明日香の顔に振り下ろした。物静かだった闇夜に悲鳴は轟くことなく、明日香はそのまま山地により部屋の中に押し倒され凌辱される。腕は20センチ以上も切り裂かれ、頬に刺さった刃物は口の中まで貫通していた。山地が強姦しながら胸にもナイフを突き刺したことで、彼女は瀕死の状態に。不意打ちは山地に有効に働き、明日香に抵抗する間もなかったであろうことは容易に推測がつく。

さらに山地の凶行は続く。あろうことか直後に帰宅した明日香の妹・千妃路《ちひろ》（同19歳）に対しても同様に襲いかかるのだ。

「なんで……」

血塗れで横たわる姉の姿を見てなのか刃物を持つ山地に対してなのかはわからないが、明日香とは対照的に、閑々《かんかん》たるマンションに千妃路の断末魔がこだまする。おそらく激しく抵抗したのだろう。彼女の遺体からは、明日香にはない防御創が検視によりいくつも発見されている。

犯行を終えた山地はベランダに出てタバコをふかし、火を消して室内に戻ると、すでに息絶えた姉妹をベッドに運び血染めのナイフで何度もとどめを刺した。まるで、殺しの余韻を楽しむかのように。果ては室内を物色し500円玉貯金箱とジッポーライターを見つけると、手にしたジッポーで火を放ち、それぞれを盗み逃走した。

わずか半月余りの逃亡だった。月を跨いだ12月5日、山地は逮捕される。すでに遠くへ逃走した可能性も考えられていたが、発見・拘束されたのは現場から1キロほどしか離れていない大阪・ミナミの繁華街。整形はもちろん、変装もすることなく何食わぬ顔で生活していたのだ。

殺人を犯しながらも逃げも隠れもしない山地の態度には、彼なりの理由があった。16歳の頃に実母を殺害した前歴と地続きかのような供述を始めるのだ。

「母親を殺すとき、私は人を殺すことの楽しさを覚えた。社会生活に慣れてくると人を殺したい欲求が出はじめていました」

山地が語る犯行動機をあげつらい、マスコミは一斉に彼を〝サイコパス〟と報じた。山地にとっても望むところだったのだろう。以後も供述を覆すことなくメディアが形容した犯人像を貫き通し、彼は稀代の快楽殺人鬼として日本の犯罪史に刻まれることになる。

裁判では遺族の前で「物を壊すのも人を殺すのも一緒。被害者に対しても、被害者の家族に対しても悪いと思わない」と供述。姉妹を惨殺した男の残酷な言葉を聞いたとき、遺族や関係者は何を思ったのか。さらに、事件はどんな波紋を投じるのか。そう、この惨禍により、姉妹に関わる人それぞれの〝これから〟はガラリと変わっていく。

「当時のまま蘇って、つらいだけです」

２０２１年夏、事件現場となったマンション前で、中山美希子（仮名、年齢非公表）は声を震わせた。彼女は、被害に遭った姉妹と家族のように接していた女性である。惨劇から約16年。灰色と茶色のツートンカラーの外壁には、何度も塗装が繰り返された様子が見える。事件の面影など何ひとつ残っていないなか、彼女の言葉がいま、いっそう重く響く。

美希子と姉妹の出会いは２００２年、明日香が24歳のときだ。デザイン関係の専門学校を卒業後、実家が営む電気関係の会社を手伝っていたものの、業績が思わしくなかったため「自分が外で働き両親を少しでも助けたいんです」と、美希子が経営する飲食店にアルバイトで応募してきたのがきっかけだった。

「とにかく真面目でしたね、本当に真面目。可愛いしいつもニコニコしてて、ものすごい謙虚でした。自分のことは後回しで、全部他人が優先なんですよ」

美希子の言葉ひとつひとつに、過ごした月日から来る信頼や愛情が込められる。明日香は夕方まで家業を手伝い、そのあとに美希子の店に出勤していた。二足のワラジを履く生活ながら、苦労を表に出すこともない。美希子はいっぺんに気に入り、一緒に海外旅行に出かけるなどプライベートでも仲を深めたばかりか、3年後には店舗の責任者に抜擢。オーナーと店長の関係になってからも親交は変わらず、明日香からの日報代わりの業務連絡では、仕事の話はほどほどに、互いの悩みや恋バナを打ち明け合った。

自然、美希子は、明日香が誰よりも可愛がっていた妹・千妃路とも打ち解け合い、事件の2ヶ月後に成人式を迎える彼女のために、美希子が運転する車で姉妹と一緒に振袖を見にいったこともあった。明日香が選んだ黄色い振袖。試着姿をカメラに収めようと美希子がレンズを向けると、千妃路は少し照れくさそうに微笑んだ。その姿を優しく見つめる明日香。3人は日を追うごとに強い交情を結んだ。まるで三姉妹である。血こそ繋がっていなかったが、まさに。

「事件のことなんて忘れてもらっていいんです。家族や生前から知っていた友達の心の中だけにいればいい。犯人が死んだ今、もう怒りを向ける先もありません。2人は帰ってきませんから」

だから事件のことなどもう取り上げてほしくはないのが本音だと、美希子は言う。しかし、16年が経った今も被害者が蹂躙され続けることが常態化しており、彼女は事件の消費のされ方に警鐘を鳴らすべく立ち上がった。特に妹・千妃路の顔写真は同事件を扱う全てのユーチューブ動画やそのサムネイルが姉・明日香の別カットを掲載しているため、間違いを正すべくこの日、遺族の許可を得て私の取材を受け入れてくれたのだ。

「それは複雑ですよ。もうこれ以上顔を晒さないでというのもあったけど、千妃路ちゃんに失礼です。ユーチューブを作ってる人にも、それは千妃路ちゃんじゃありません、削除するか、直してくださいってメッセージを送ったんですけど、みんな完全に無視です。可哀想ですよね」

死後も〝妹たち〟を冒涜《ぼうとく》され続けた美希子の16年間。なぜ、顔写真は間違えられたのか。発端は事件当初、マスコミ各社が誤認して写真を掲載したことだ。対し、遺族や関係者は悲しみの淵にいるなかで、抗議をするほどの余裕を持ち合わせていなかった。その後、遺族が取材を受けるようになり少しずつ訂正されていったものの、調べる限り2013年9月放送のテレビ東京『解禁！　暴露ナイト』という番組で間違えた写真の掲載があり、ユーチューブ上に流布する写真群はそこから引用したものだった。テレビを盲信し、親しい関係者からの指摘があってもユーチューブ制作者たちはガン無視。事実確認すらされていない。彼らの怠慢により、遺族や関係者は心を痛め続けていたのだ。

「写真の取り違いだけじゃなくて、2人は映画で幽霊扱いされてるんです」

美希子が言う映画とは、お笑い芸人・松原タニシの怪談集を基にし、ジャニーズ（当時）の人気アイドル亀梨和也が主演を務めた2020年公開の『事故物件　恐い間取り』である。本作で描かれる事故物件は姉妹が殺された部屋をモデルにしており、つま

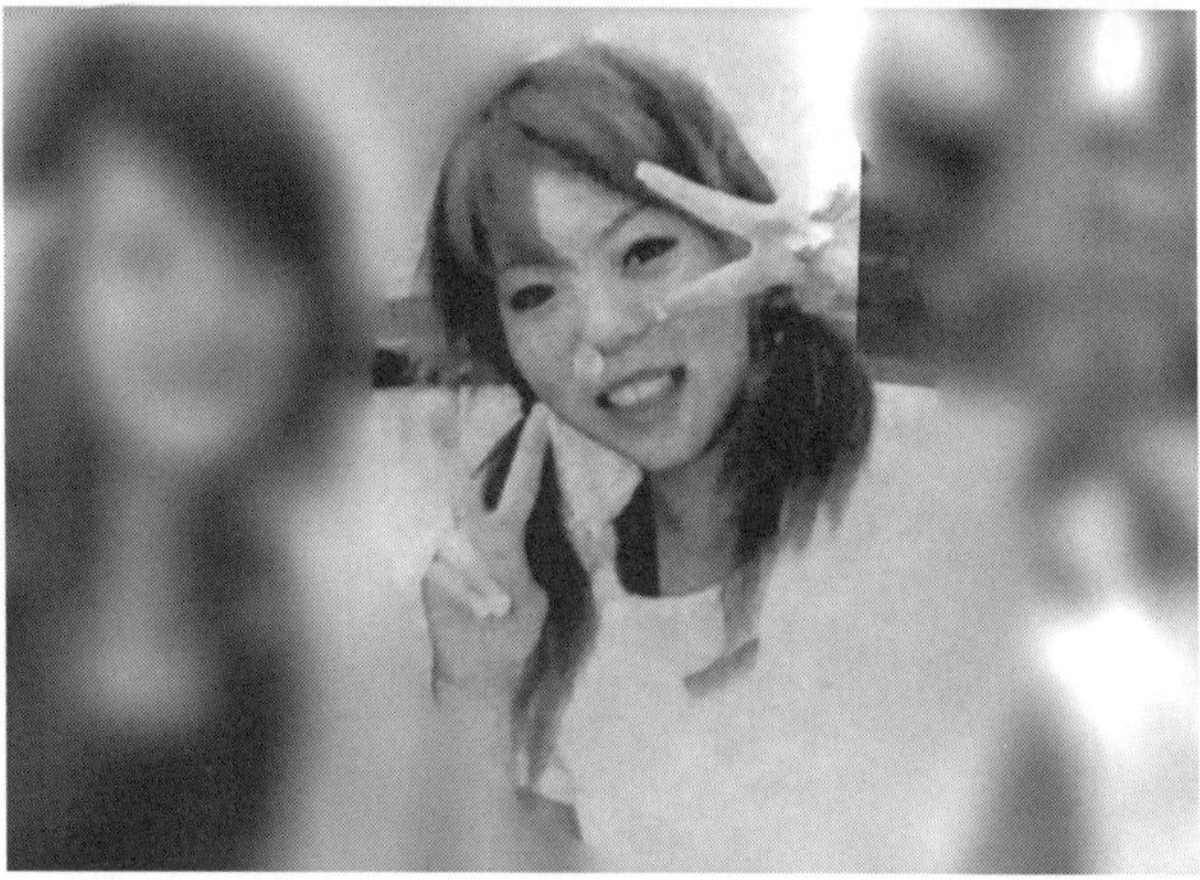

被害者の上原明日香（上）と妹の千妃路

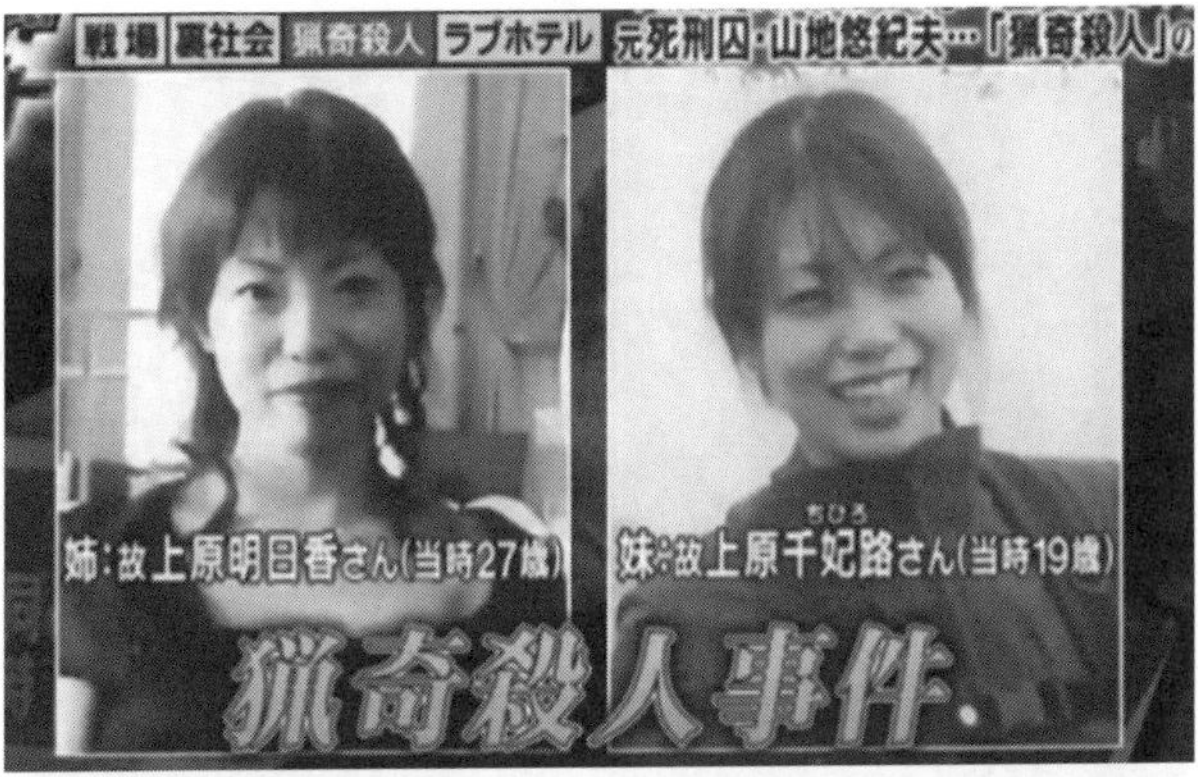

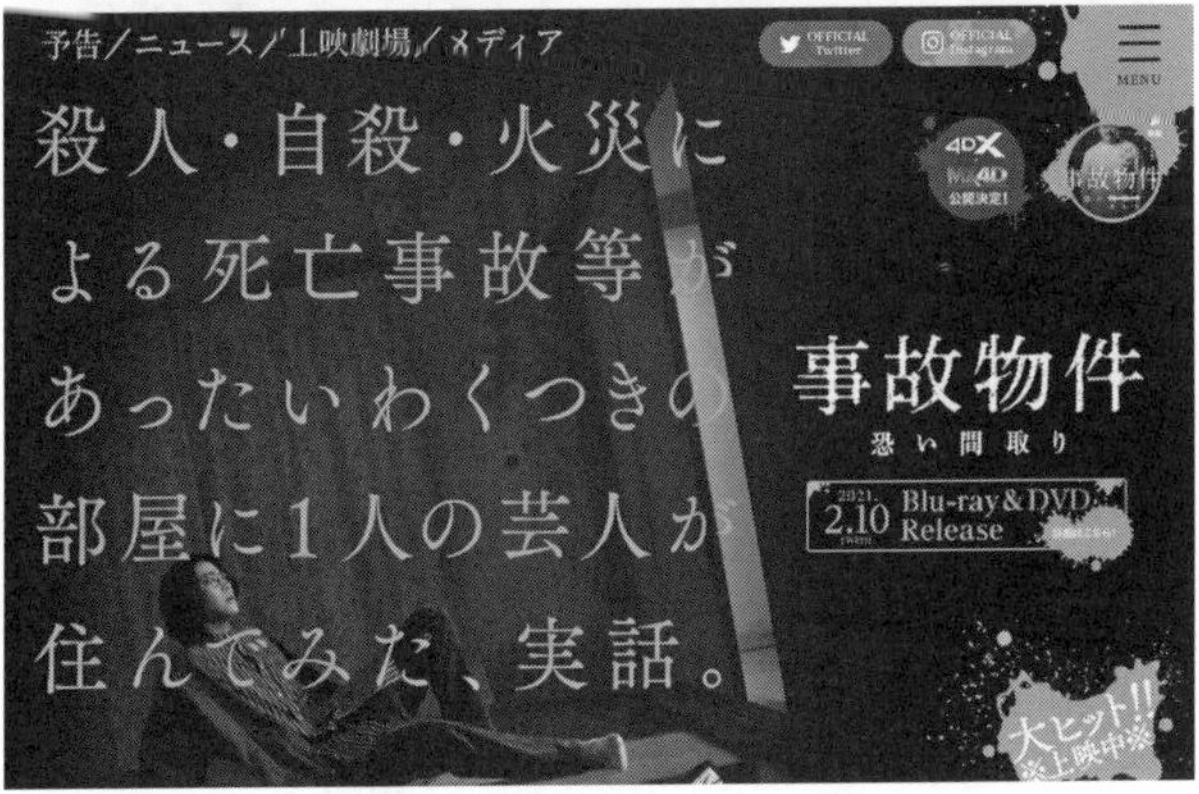

上／姉の明日香の写真を千妃路として掲載したウェブサイト
下／事件をネタにした2020年公開の映画『事故物件　恐い間取り』。
劇中で被害者の2人は“幽霊”扱いされている

事件現場となった大阪市浪速区のマンション。
姉妹の部屋があった4階(下)の非常階段に山地は潜み凶行に及んだ。
現場検証時、美希子が山地殺害のため身を潜めた場所でもあるりは山地の事件を指す。妹たちが幽霊扱いされていることを美希子は、未だ悲しみや苦しみが消えないなかで意図せず知らされた。

「被害者を面白おかしく描いているだけとしか思えません。腹立たしいですね。被害に遭った側はされるがまま、人権なんかないんです。悔しいです。悲しいです。本当にやめてほしい。ネタに使われていることは本当につらかった。幽霊が出ると取り上げられた遺族が『未だに忘れてなくてありがとう』なんて思うはずがないじゃないですか。自分の利益のためだけに人権もない人たちを晒さないでほしい。あの人たちは、遺族の16年なんて何も思っていないんですよ」

「今まで映画やユーチューブを作るにあたり、遺族や美希子さんに話を聞きに来たり、許可を取りに来た人はいますか？」

「いません。みんな勝手にやっています」

美希子の声は震えていた。

簡単に死刑で殺してほしくなかった

誤報や死者への冒涜で塗り固められた過去を払拭するため取材に応じてくれた美希子

は、事件後の山地と直に接触した人物である。唯一と言っても過言じゃない。

「あれは逮捕から数日後のことでした」

事件が起こり、犯人が逮捕されると、警察により現場検証がなされる。証拠調べのことで、山地を事件現場に連れていき、どう襲ったのかなど細かく再現して写真に収める。当然、逃走防止のため件のマンションを封鎖し厳重警備のなか、現場検証は実施された。

そこで、美希子は、大切な人を殺された誰もが刹那的に思うであろうことを実際に行動へ移す。

「4階の階段の、上から2段目に座っていました。朝、規制線が張られるのが9時か10時頃だったと思うんです。確か朝8時ぐらいに入って、そこで5時間待ちました」

現場検証当日、彼女は1階のオートロックをくぐり抜け、山地が潜んでいた非常階段に、山地と同じように潜んだのである。スタンガンとサバイバルナイフを隠し持っていた目的は、言うまでもなく仇討ちだ。

報復など自らの首を絞めることにしかなるまい。強い憎悪を抱くのは当然としても、考えた末に思い留まるのが常識だろう。なぜ、彼女はその常識を破ったのか。

「ちょっとひどい言い方したら、簡単に死刑で殺してほしくなかった。2人と同じように痛みを味わってから死んでほしかったんです」

13時過ぎ。エレベーターが4階で止まった矢先、手錠をはめられ腰縄が結ばれた山地が生気のない顔で現れた。見るからに屈強な刑事3人が山地を取り囲んでいたが、本人を目にしてさらに理性を失う美希子は一切気にならない。サバイバルナイフとスタンガンを握る手に力が入り、どんな罪に問われようとも、と覚悟を決めた。

山地との距離は3メートルほどだ。階段から飛び出し、山地を目がけて飛びかかってやる。体にスタンガンを押し当て、抵抗する術を失ったところでふたりがされたのと同じように胸にサバイバルナイフを突き刺してやる！

「バカヤロー。おまえ何考えてるんだ！」

刑事の怒声がマンション内に響く。

「コラ！　山地ぃ！」

羽交い締めにされながらも美希子は叫ぶ。

「おまえのせいで台無しになっちまうだろうが。裁判も延期になるぞ」

ドスを利かせて刑事が被せる。果たして決死のダイブは未遂に終わった。

ようやく冷静さを取り戻したところで、一瞬だけ山地と目が合った。刃物を向けられても生気のない表情を保ったままの山地を見て彼女は思う。道徳や倫理観が欠如したサイコパスじゃない。目はあきらめの境地に達している。希望を持ったことがあるから、希望を持つ尊さを知っているから、そのぶん深いあきらめの表情をしているのだ。

「もし復讐が成功していたら今頃、私も塀の中だったかもしれない。ある意味、失敗して良かったかもしれないですね」

明らかな犯罪行為であったが、美希子は警察にお灸を据えられるだけで済んだ。が、彼女は言う。あのときの殺意は本物だったと。

「もし、あの日に戻ったら私は同じことをすると思います」

そこから先は舞台を裁判所に変え、彼女は何がなんでもヤツを死刑にすると心に誓う。

裁判員制度が始まったのは２００９年5月21日以降のことで、それまでは、１人への殺人は懲役20年、２人への殺人は無期懲役、３人以上で死刑と言われていた。１９６８年に全国で４人を射殺した永山則夫《ながやまのりお》（事件当時19歳。１９９７年、死刑執行）の裁判で最高裁が明示した、いわゆる「永山基準」である。

山地の公判は２００６年5月1日、大阪地裁で始まったが、永山基準がネックになり、さらに生い立ちが複雑だったことや年齢が若いことなどから情状酌量をなぞり、死刑が言い渡されるかは微妙な状況にあった。それを覆したのが他ならぬ美希子である。

山地は逮捕後、明日香の部屋から盗んだ金はとうに使い果たし、貯金箱などいずこへ。

彼が手にしていたのはジッポーだけだった。ために「金など盗んでいない。ジッポーも拾ったものだ」とシラを切られたら立証は難しい。対し、殺人に強盗が加われば、殺人より罪が一段重い強盗殺人罪、さらに2人殺していることからして死刑に問える。

「そのジッポーは間違いなく明日香が使っていたものです」

美希子は法廷で力強く証言した。これが決め手となり、山地は強盗殺人罪で裁かれ、ついには同年12月13日、死刑判決を下される。当の山地も判決後、望むところだと言わんばかりに控訴を取り下げ、一審で死刑が確定した。

「残りの人生、遺族に寄り添って生きようって決めていました。もしかしたら事件は私のせいだったかもしれないし。そんな後悔があって、もちろんそれで許されることではないとわかっているんですけど、私にできることは遺族に寄り添うことしかありませんでした」

死刑確定後も燻る美希子の〝後悔〟とは何か。実は、美希子は2005年11月17日の事件当日に限って、明日香が美希子の店で働くことになってから毎日交わしていた業務連絡の電話をしていなかった。その日、彼女は出張先の東京におり、一泊するつもりだったが翌日の会合がなくなり予定を1日早めて帰阪していた。自宅に着いたのは日付が変わる頃だ。

「だから電話しなくてもいいかな、もう遅いから迷惑だろうと。こんなことは明日香が責任者になってから初めてでした」

それが山地の決行の日と重なったのは単なる偶然と思いたいが、この日、明日香は事件の予兆めいた出来事を飲食店のスタッフたちに打ち明けていた。

「昨日、停電になったの。調べてもらったら家の配電盤がイタズラされたみたいで。なんか不気味……」

若い女性が2人だけで暮らしているとはいえ、用心に用心を重ねた山地は、男はいないか、どんな対応をするかと様子をうかがっていたのだろう。停電の理由を探ろうと、明日香はカーテンを開けて外を見た。だが、真っ暗なのは自分の部屋だけ。ほどなく明かりは戻ったものの、管理会社に通報して調べてもらったところ、担当者が「イジられた痕跡がありますね」とニベもなく言ったそうだ。

美希子には罪の意識が今も消えない。

「私が電話していれば、明日香は絶対に（停電のことを）話してくれていたと思うんです。そしたら、できることはあったと思うんですよね。用心棒代わりになる男の人を向かわせるとか、自宅の中に入るまで携帯電話を繋ぎっぱなしにするとか。本当に後悔です。あの日もし電話連絡してたら、間違いなく何かが変わっていたと思います。結果は一緒だったとしても何かが違っていたんじゃないかな」

後悔が引き金となり、美希子は16年間、月命日には奈良県にある姉妹の実家に大阪から通い続けるようになる。ほとんど会話にならなくとも遺族と1日を過ごし、悲しみを共有した。それが自分の責務だと信じて。

法廷で涙を流す〝年上の恋人〟

姉妹の父・和男《かずお》がとある不思議な話を思い出したように語ったのは、美希子が実家に何度も通うなかでのことだ。

「実は事件の日、明日香の携帯から電話があったんだけど、あれは何だったんだろう…」

着信時刻は、山地が明日香の家に押し入った直後の深夜2時過ぎ。山地は家に入るなり明日香を滅多刺しにしていることからして、普通に考えれば電話をかけるなど不可能だ。となれば、山地がかけたのだろうか。

「もし明日香ちゃんが、意識が朦朧《もうろう》とするなかでかけたとしたら、何が言いたかったのかな。その最期を山地だけが知ってるなんて、許されないですよ」

虚像の裏側には、まだまだ自分が知らない生々しい真相が横たわっている。山地は遅かれ早かれ死刑に処される。それには同情しない。しかし、処刑で許されると思うなよ。せめて最期を話しなさい。それから死んでいきなさい——。和男の話を聞いてから美希子は、こう考えるようになり全ての裁判を傍聴する。が、明らかになったのは山地の境遇ばかりで、知れば知るほど悲愴感が纏わりついた。それは自ら要らぬ藪をつついてしまったのではと勘繰りたくなるほどだった。

山地は山口県山口市で生まれ、小さなアパートが根城の貧困家庭で育った。父親は流浪《るろう》の大工だったが、アルコールで体を壊し、晩年はパチンコ店に勤めていた。その後も酒をやめられず、山地が小学5年生のときに他界。母子2人となった家庭の貧困はますますエスカレートしていく。母親はスーパーで働きながらも、理由のわからない借金を重ね、山地の中学時代には電気やガスが頻繁に止まるようになる。

非行に走るか、はたまたいじめの対象になるか。家庭環境の悪さは子供の交友関係に影響する。山地は成績が悪かったこともあり、同級生のいじめの対象になった。それでも、一時期はテニス部に入り周囲に溶け込もうと努力していたが、中2の半ばに不登校に。教師もそんな山地を疎ましく思っていたフシがあり、彼が相談に来ても右から左へと受け流すだけだった。

中学を卒業後は過去を断ち切るかのように高校には進学せず、新聞配達のアルバイトを始めた。しかし、ここで母親までもが彼の足を引っ張る。あろうことか、息子のわずかな給料を使い込んだのだ。

その後、山地は頻繁に家を空けるようになる。拠り所は市内で見つけたカードショップだ。マジック：ザ・ギャザリング。世界中で2千万人を超えるプレイヤーとファンを持つ戦略トレーディングカードゲームである。自分より年下の子供たちとゲームに興じる時間が安息だったばかりか、年上の女性ショップ店員に恋心を抱く。ほどなくしてデートに誘い、肉体関係を持つ。人生に嫌気が差しかけていた山地を、彼女は母性で受け止めた。

心の亀裂がやがて蛮行へとエスカレートしたのは、山地が16歳のときである。

「はい、もしもし」

「ガチャッ。ツーツーツー」

女性店員のもとに、山地の家から頻繁に無言電話がかかってくるようになっていた。山地は、母親が恋路を邪魔して嫌がらせを働いているものと思い込む。アイツを始末しなければ過去の俺に逆戻りだ。ヤるしかない。たとえ母親であっても許せはしない。

ドスン――。金属バットを手にした山地は、自宅でたちどころに母親を殴り殺した。

上／若い2人の命を葬り去った山地悠紀夫（中学の卒業アルバムより）。下／逮捕・連行時。事件発生から3年8ヶ月で死刑に処された（享年25）

しかし。

「家に帰らない息子を心配していただけだったと見られています」（全国紙社会部記者）

事件後の家宅捜索で、山地が帰ってこなかった日、電話した日を、母親が記したメモが見つかった。つまりは山地の単なる勘違いだったのだ。

母親殺害後、山地は年上の彼女と食事に行き警察に出頭する。家庭裁判所では、犯行は家庭環境によるところが大きく、更生の余地があると判断され、刑事裁判は免れた。岡山少年院で3年間、矯正教育を受け19歳で出所。晴れて自由の身になった山地に、また春が訪れることはなかった。山口市には戻れず下関市に居ながら、年上の彼女を探したいと周囲に漏らしていたが、再会は叶わなかった。

とはいえ、20歳になる頃には父親と同じパチンコ店での仕事に就くなど生活基盤を安定させる。真面目に働き、周囲にも溶け込んだ。同僚たちは母親殺しの過去など知る由もない。

しかし安心しきって友達と居酒屋で飲んでいたところで、山地は少年院で一緒だったふたりの仲間と偶然にも鉢合わせ、母親殺しをネタに因縁をつけられてしまう。胸ぐらを掴まれ殴られたばかりか、相手と一緒にいたチンピラも加わり、ちょっとした騒ぎになった。

母親殺害の前歴は、彼らにとって、あぶく銭を得る格好の餌食だったのだろう。後日、パチンコ店に数人の屈強な男が現れ、呼び出しを食らった山地と何やら話し込む姿がひとりの店員に目撃されている。

この情報が流れてはマズいと過敏になる山地は、逃げるように退職した。知らない土地で、自分を知らない者たちとやり直そう。今度ばかりは過去を知られまいと願って。だが、山地が選んだのはパチンコ店で不正行為を行う、福岡や大阪に拠点があったとされるゴト師グループだった。望んだわけではないが、父親の知人でもあった男からの誘いに乗ったのである。果たして、グループがタコ部屋代わりにしていた大阪の拠点は、のちに殺害される姉妹が暮らすマンションの一室だった。どの時点で山地が彼女たちの存在を知り得たのか、姉妹に狙いをつけ殺害に及んだのか、山地は一切供述していない。が、状況を考えれば、計画的な犯行だったことに疑う余地はないだろう。

もっとも、事件の舞台となったこの場所で、山地はまたもメンバーから罵られ、タコ部屋を逃げ出す。凶行はその数日後。前述のとおり、公判で山地は検事に犯行動機を聞かれ、母親殺害時に「射精していました」と話したとされるなど、人を殺す快感を覚え、以後もその欲求が抑えられなくなったと語っている。しかし、全ての裁判を傍聴した美希子は、彼の「人殺し願望」について違和感を示す。

「当の本人である山地は『もう死刑でいいです』と言うだけで、裁判でも何も語らなかった。悪いとは思ってない。殺害した2人のことも、残された家族に対しても悪いとは思ってない。それしか言わなかったんです。もしかしたら裁判では心変わりして何か語るかなと期待していたんですけど。ただ、裁判で生い立ちを知ってからは、ますます話さないだろうなと。確かに境遇には同情するところはありますけど、山地を見守っていた人は全くいないわけじゃなかった。母親しかりゴト師グループを紹介してくれた父親の知人しかり、実際にいたはずなんですよ。そういうことを山地が知らなかったはずはないと思うんです」

山地を気にかけていたのは彼らだけではない。ある日、美希子は裁判所で、山地が誰よりも会いたがっていた人物を見かけた。ほとんど全ての傍聴人が山地への敵意を剥き出しにする法廷で、山地の生い立ちを聞き涙を流す1人の女性。美希子は直感した。山地が以前交際していた〝年上の恋人〟に違いない。

「当時、メディアで明日香ちゃんを狙ったのが山地の元恋人に似ていたからって報じられていたんです。それですぐわかりました。決して似ていたわけではありません。明日香ちゃんは大阪の垢抜けていた感じの子ですけど、元恋人は全然そんな感じじゃなくて。でも、裁判が終わってすぐ追いかけたら後ろ姿の雰囲気が近かったんです」

年齢も明日香と同じぐらいだ。美希子は裁判所を出たところで声をかけた。

「山地の恋人ですよね？」

驚いた表情で振り返る女性。目からはまだ涙が止めどなく流れている。稀代の凶悪犯であっても悲しむ人がいることを知った瞬間だった。

「山地のことを知りたいんです」

問いかける美希子に、女性は「ごめんなさい」と一言だけ発し、その場を走り去った。


裁判も後半になると、山地はそれまで連絡を取っていた母親殺害時の弁護士などからの手紙すら受け取りを拒否するようになった。だが、不思議と美希子が書いた手紙は、返信こそないまでも拒否されることはなかったという。

そして２００９年７月28日、美希子が知りたかったことなど何一つ語ることなく、事件から3年8ヶ月という異例の早さで死刑は執行される。当時の心境を美希子が語る。

「正直言うと、いや、複雑でしたけど、終わったなとは思いました、そのときは。ただ、いまになっても気分が晴れることもなく、何の区切りにもなっていないんですけど、執行されてやっと終わった感はありましたね、みんな」

残された者にとって、死刑執行など悲しみを癒す材料には全くなりえない。年月が進むことで、悲しみや喪失との向き合い方を学んでいくだけだ。

「山地悠紀夫って結局、何者だったと思いますか？」

私の問いに、長い沈黙のあと、美希子は呟いた。

「ある意味、被害者で可哀想な人」

美希子の評に接して、改めて山地の半生を見返してみても、サイコパスであるはずの彼は、母親殺害のあと、更生に向かっていた。だが、節目ふしめで躓《つまず》き、そのつど逃げた。そして頼るアテもなくなり、ついには破滅に向かう。自殺を選択しなかったのは気弱でいじめられっ子だったからなのかもしれない。必死に生きようとしていた彼に社会は冷たかった。それでも出所後に年上の彼女と再会できていれば、姉妹を連続で惨殺する凶行には到達しえなかったはずである。

山地の半生を知った先に取材の終わりは見えた。自分をサイコパスだと信じきっていたのか、それとも死刑になるべく自らサイコパスを装ってみせたのか。いずれにせよ、彼が自殺以外の死を望んでいたことは明らかだろう。

だが、ペンを置く気持ちは、事件発生当時からの報道で姉妹の父・和男がカメラの前に立ち、少年法の不備や遺族の心痛を訴え続けていた姿を明確に覚えていた私が、美希子に何気なく聞いた質問から逆戻りしていく。

「和男さんは変わらずにお過ごしですか？」

「実は、お父さんは2015年に亡くなりました。山地の執行の知らせを受けたあとは、もう寝たきりになって、明日香、千妃路のところに早く行きたい、としか言わなかったですね。遺族は本当に地獄のような日々を送っていたんですよ。最後に取材が殺到したのは執行された2009年ですけど、あのときも相当無理して応えていたんだと思います。事件が起きてからすぐにがんが見つかって、何というか治療する気力がなくて。お母さんがずっと自宅で介護していましたね」

マスコミ対応に心血を注ぎ、娘たちを思うほど、晩年の和男は生きる希望を失う。まだ60代半ばだった。

「お母様はどうなさってるんですか？」

「静かに暮らしていますよ、事件のときから悲しみはずっと変わらないです」

母にしても、死を覚悟するような病気に罹患していないだけで失意のどん底にいる。いまも美希子が姉妹のことを話すと必ず涙するという。山地の死をもって事件が終わったと見るのは私を含めたマスコミ連中だけで、遺族にとっては成就も完遂もしていないのだ。

美希子から両親の境遇を聞かされた私は、母への面会を願い出た。

「国から何千万もお金が出る」と噂され

奈良県某市。大阪から車で1時間弱の場所に、姉妹の実家はある。通いなれた美希子はナビを入れずに進む。田園地帯を抜けた郊外の住宅街。庭にヒマワリが咲く一軒家だ。美希子が呼び鈴を鳴らすと、小柄な女性が迎え出てくれた。姉妹の母親である。

「素敵ですね、庭のヒマワリ」

「ヒマワリは明日香も千妃路も好きだったから。親なのにそんなことも知らなかったんです。事件が起きてから出歩くのが億劫になってしまって。庭仕事をしている時間が唯一何も考えなくていいんです」

ヒマワリは事件の翌年に植えた。夏には黄色い花をつけた。見頃も終わりを迎えると、種を採り、翌年また植える。以来、ずっと繰り返してきたと語る母親の静かな口調に、遺族の長く険しい日常を思う。

仏間で線香をあげる。母はじっと息を潜めている。手にしたリン棒がおりんに触れてチーンと響く。その間に聞こえたのはセミの鳴き声だけだ。

そっと目を開け仏壇を眺めると、3人の遺影が並んでいた。口を真一文字に結ぶ和男、笑顔の明日香と千妃路。事件がなければさぞ賑やかだったことだろう。

美希子が沈黙を破る。

「千妃路ちゃんの写真、全然違うでしょう。そして姉妹は本当に可愛いでしょ」

頷く母。確かにふたりの表情からは優しさが滲み出ている。

1冊のスケッチブックが目を引いた。「これは何ですか?」と聞くと、母が口を開いた。

「ふたりが殺されて、主人も死んでから写真以外の形見は全部捨てたんです。もう私もいつ逝くかわからないので。でも、明日香が学校に行ってたときに描いたデザイン画、これだけは捨てられなかったんです」

捲《めく》るとカラフルなウエディングドレスがいくつもスケッチされていた。明日香の部屋に残されていたものだ。

「ずっとデザイナーになりたいって言ってました。事件が起きてなかったら、実は彼女、ウエディング関係の仕事をする予定だったんです。明日香はもちろんデザインの担当。1年かけて準備して、あとはもうスタートするだけだったんですけど……」

デザイナーを夢見る明日香の姿を、美希子はいつも身近で見ていた。しかし、事件が夢を未来もろとも奪った。

「千妃路もね、視力が落ちたお父さんの手足になってくれて。そうこうしているうちに老人ホームでおじいちゃん、おばあちゃんの介護の仕事をしたいって言うようになって。

それにはお金が必要と、アルバイトをしていました」(母親)

事件が起きたとき、姉妹は同居していたとされていたが、厳密には違う。介護の資格を取るために時給の高い大阪に働きに出ていた千妃路は、電車賃を節約するため姉の家に泊まることがあった、だけだった。ただ、事件の1週間前、明日香が足を捻挫したことで、千妃路が姉宅にしばらく泊まり込み様子を見ることになる。

「明日香と電話で話したのは11月13日が最後です。『足は大丈夫か。あと、千妃路を頼むわな』って言うて電話を切りました」(母親)

千妃路が被害に遭ったのは、言わば偶然である。よもやナイフを持った犯行直後の山地と鉢合せするなど、想像もしなかっただろう。千妃路は将来の目標を定め、着実に動き出していた。母からすればようやく子育てが一息ついた時期であり「これからは楽しみのほうがいっぱい。ようやく孫も見れるかな」と和男と話す気持ちは晴れやかなものだった。

「でも、その矢先にあんなことがあって。夢も何もあったもんやない。地獄に突き落とされた。朝の5時ぐらいやったかな、主人の携帯にものすごい電話が鳴るんですよ。振り込め詐欺とかが流行ってた時期やから、こんな時間に鳴る電話なんて出たらあかんで

上／姉妹の実家の仏壇に手を合わせる美希子
下／壁に貼られた娘ふたりの写真の前で取材に応じる母

上／実家に飾られていた親子3人の遺影。
左から千妃路、明日香、父・和男（享年67）
下／実家の庭に咲くヒマワリ

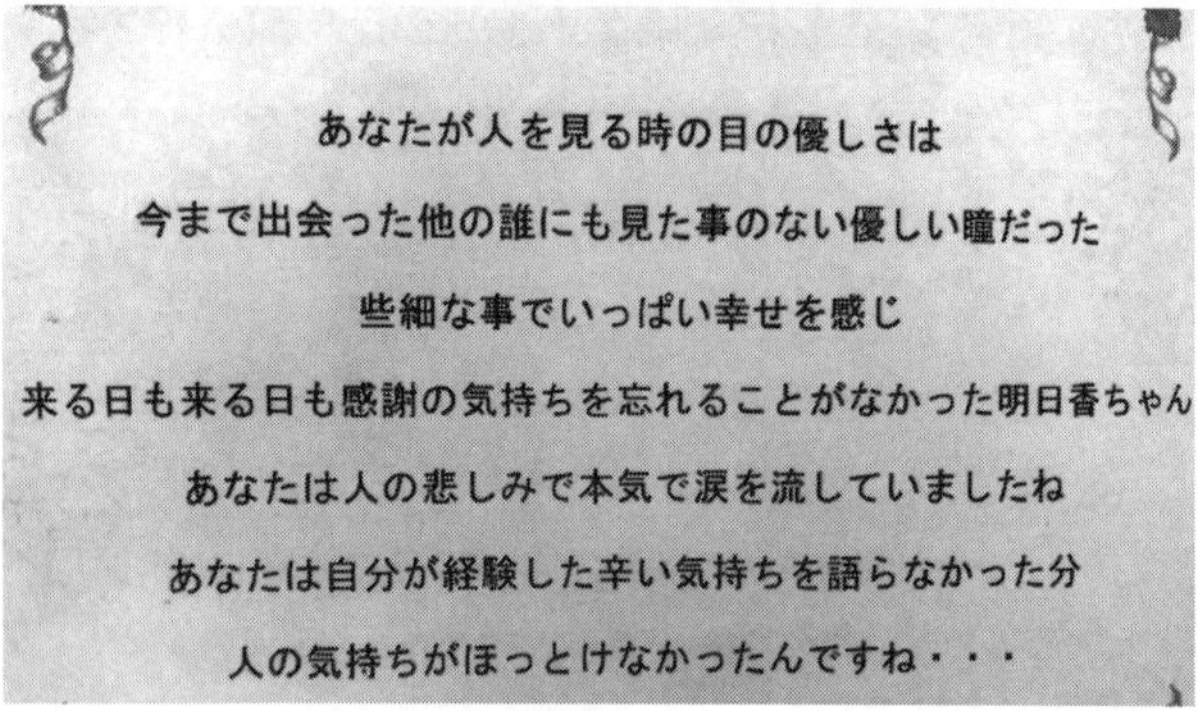

あなたが人を見る時の目の優しさは

今まで出会った他の誰にも見た事のない優しい瞳だった

些細な事でいっぱい幸せを感じ

来る日も来る日も感謝の気持ちを忘れることがなかった明日香ちゃん

あなたは人の悲しみで本気で涙を流していましたね

あなたは自分が経験した辛い気持ちを語らなかった分

人の気持ちがほっとけなかったんですね・・・

上／母が捨てられずにいる明日香のスケッチブック
下／追悼文集に寄せられた明日香の知人からのメッセージ

って私は言った。それでもしつこく鳴り続けるからお父さんが出たら『浪速警察です。オタクの娘さん、火事で焼けてしまっている』って。お互い顔を見合わせて『すぐに迎えに行きますから用意して待っててください』って。手は震え、体は震え、もう何がなんだかわからない」

警察署では、一刻も早く娘たちのもとに駆け寄りたい両親をよそに、なぜかそのまま取り調べが始まった。ただの火事ではない。これは事件である。そこで初めて聞かされた。

驚くべきは、警察が和男を犯人扱いしたことだ。「左利きの人が殺した」と、彼のグローブのような手を差し取調官は言った。夫婦で右利きであることを強調し、「もういい加減にしてほしい」と願い出ても「お父さん、娘さんらとどういう関係だったのか教えてほしい」と無情なまでに畳みかけてきた。母は続ける。

「『この包丁に見覚えありませんか』と写真を見せられる。見覚えないって答えても『いや、家から家族の誰かが持ち出したでしょう』って」

要はカマかけだった。が、その記憶が母に包丁を持てなくした。手元が震えて料理ができなくなったのだ。

取り調べは5時間に及んだ。完全に疑いは晴れたわけではないが、ついに霊安室への立ち入りが許された。入口までと制止する刑事を振り切り、和男だけが娘たちのもとへ。

そのときの様子を聞かされた母は言う。

「明日香が涙流した言うてました。自分の両親が亡くなってもそういう目にあったことないから、死んだ人が涙なんか流すはずあらへんって思ったけど、明日香は涙流して痛かったやろう、つらかった、苦しかったやろなって」

夫の話は嘘じゃなかった。

「6年前、主人はがんを宣告されながらも、ずっと入院治療を拒否し続けました。視力も完全に失って家で息を引き取ったとき、主人が涙を流したの。事件の結末を見届け、生きる糧をなくした主人は、ずっと言ってた。薬買ってこいって。どうせ長くは生きられんから大量の薬飲んで早く娘のとこへ行くって」

唯一の救いは和男の遺言を守れたことだ。

「俺が連れていくから。一緒に墓に入れてくれ」

生前、和男の介護ベッドは仏壇の前に置かれていた。そこには、墓に入れることをできずにいた姉妹の遺骨もあり、和男の遺骨は今、姉妹とともに眠る。

「親より先に墓に入れるってつらいよ。主人も自分の病気をわかってたから、俺が連れていくって言い張って。だから主人が死んで1年目に3人を納骨した。主人ひとりじゃ寂しいだろうし」

母は、娘ふたりを失ったあと、虚無を埋めるかのように夫の介護に追われ、死を見届けた。そして、その母までもが、ある日、変調をきたす。

「突然動けなくなってしまったんです。千妃路を出産したとき以来に病院に行ったら、ストレスが原因と診断されました」

抗うつ剤。タンスの上に薬袋が置かれている。身体は自然と蝕まれていた。特に和男が病に倒れてからは、周りに心配かけないよう、かつての和男のように気丈に振る舞ってきた。しかし、犯罪被害者遺族への偏見が、世間の不理解が容赦なく浴びせられた。

「国からお金が出る言うて、近所の人に肩たたきされて。娘さんたちが殺されて、国から何千万もお金が出る、豪邸買って引っ越しするらしいとか、ありもしない噂を浴びせられ続けましたよ。ほんま、精神的にどんだけつらい目してきたか」

事実、行政から支払われた見舞金は葬式代程度で、むろん山地に賠償金を払う能力など全くない。どころか和男が新しい事業を始めたばかりに起きた事件であったため、体を壊し、気力も失った彼は事業を畳む。残ったのは借金だけ。そんな事情を説明する気力も残っていなかった彼女は、誰にも会わないように努めるよりほかなかった。

「もう最終的に放心状態になって。世間の人はそんな被害者の家族のことなんてわからない。人間の言葉って人間を生かすこともできるし、殺すこともできるんや」

母にとってもまた、死刑の執行が心を癒すことはない。

「とてもじゃないけど区切りにはできなかった。この世の中にアイツがいないっていうのを実感しただけで、もう解決したっていう思いは全然ない。解決したなと思うのは、私が死んで3人の側に行くときだと思ってるから」

期せずして目から涙がこぼれ落ちたことで、彼女の言葉は嗚咽と化した。たまらず割って入った美希子が、和男の介護が終わってからの母の心情を教えてくれた。

「お母さんはね、二言目にはもう死にたいしか言わなかった、ずっと」

美希子が涙ながらに見せてくれたのは、彼女が追悼の意味を込めて事件後に姉妹の知人たちからの声を集めてまとめた1冊の文集だった。美希子の想いも記されている。

〈本当にありがとう。私と出会ってくれて、本当にありがとう。いまも心の中で生き続け、これからも一生消えることはありません〉

母は涙を拭い、悲しみと誇らしさが交錯したような面持ちで言う。

「命日、誕生日と欠かさず友達たちが集まってくれて。何年も経ち、それぞれ家庭を持って子供ができたら、その子供も連れてきてくれたり。嬉しいけど、大変やろうから13回忌のときに『これで区切りにしようね』と話したんです。それでもみんな『いや、おばちゃん、何言ってんの。もう自分らが何歳になろうと絶対来させてもらう』って」

美希子や娘の友人たちの支えだけが母を今世に踏み留まらせていた。

最後に、母は事件を面白おかしく取り上げる世間に抗《あらが》うように言った。

「あの子たちはもう天国に行ってしまったけれど、本当に素晴らしい宝物を残してくれたと、私は思ってます」

事件を知り心を寄せてくれる方の思いは、母も美希子もありがたいと言う。だが、それが安っぽい正義感、興味、ましてや金儲けでしかないとき、遺族や関係者の心を土足で踏みにじる行為に繋がることを肝に銘じなければならない。自戒を込めて。

▶八王子中2女子いじめ自殺事件
日本経済新聞（2018年11月7日）

▶三島バイク交通死亡事故
静岡新聞（2019年1月23日）

▶目黒5歳女児虐待死事件
『結愛へ　目黒区虐待死事件　母の獄中手記』著者・船戸優里（小学館）

▶大阪姉妹殺人事件
月刊現代（2007年2月号）
『死刑でいいです　孤立が生んだ二つの殺人』編著者・池谷孝司（共同通信社）

参考文献

▸中野劇団員殺人事件

東京新聞（2015年8月27日）　産経新聞（2015年9月10日産経デジタル）
アサ芸プラス（2015年9月14日）

▸千葉小3女児殺人事件

CHANT WEB【独自】リンちゃん殺害事件から7年　母親が初めて語る残された家族のその後『弟は夕方になると玄関で姉の帰りを待っていた』（2024年4月5日）

▸大阪21歳女性刺殺事件

読売新聞（2015年7月12日）　産経新聞（2017年12月4日 大阪版）
朝日新聞（2017年11月2日）
産経新聞（2017年12月3日配信）
https://www.sankei.com/article/20171203-VWFPMDR7GNLYFCDJYDZSZAVWQQ/
「私には6つの人格がある」
多重人格和製ビリー・ミリガンの法廷告白　交際女性を殺害したのは誰だ？

▸前橋高齢者強盗殺人事件

東京新聞（2016年7月21日 群馬版）　実話ナックルズウルトラ（2020年10月1日号）

▸京都アニメーション放火殺人事件

NHK事件記者 取材note 京アニ放火殺人事件 初公判
被告は何を語るのか（2023年9月5日）

NHK事件記者 取材note 36人が犠牲「やりすぎだった」被告が語ったこと
【裁判詳報】（2023年10月6日）

カンテレNEWS【きょう判決・京アニ事件】“人生で一番良かった”高校時代
父の自死から狂い出した歯車　落ちていく中で出会った救い『京アニ』なのに…
青葉真司被告の半生を独自取材（2024年1月24日）

NHK事件記者 取材note　京アニ放火殺人事件
青葉被告に死刑判決（2024年1月26日）

鉄人文庫

事件の涙
犯罪加害者・被害者遺族の声なき声を拾い集めて

2024年6月25日　第１刷発行
2024年9月10日　第２刷発行

著　者　　高木瑞穂＋YouTube「日影のこえ」取材班
編集・発行人　　尾形誠規
発行所　　株式会社 鉄人社
〒162-0801 東京都新宿区山吹町332 オフィス87ビル３F
TEL 03-3528-9801　FAX 03-3528-9802
http://tetsujinsya.co.jp
デザイン　　鈴木 恵（細工場）
印刷・製本　　株式会社シナノ

ISBN978-4-86537-277-9　C0195